크리스천 유머

웃음을 퍼뜨리는 자는 복이 있나니

크리스천 유머
웃음을 퍼뜨리는 자는 복이 있나니

초판 1쇄 발행 2006년 05월 25일
초판 7쇄 발행 2011년 07월 20일

지은이 | 박영만
펴낸이 | 박영만
펴낸곳 | 프리윌 출판사
      등록번호: 제2005-31호   등록년월일: 2005년 05월 06일
주소 | 경기도 고양시 일산서구 주엽1동 90번지 강선마을 1703동 103호
전화 | 031-813-8303, 팩스 031-922-8303, 휴대폰 011-3734-8303
E-mail | yangpa6@hanmail.net

디자인 | 김왕기

ⓒ 프리윌출판사, 2005
ISBN 978-89-956801-3-1   03810

*무단복재와 전제를 금합니다. 책값은 뒤표지에 있습니다.

크리스천
유머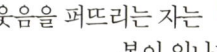

웃음을 퍼뜨리는 자는
복이 있나니

박영만 지음

프리윌

들어가는 말

웃음을 퍼뜨리는 자는 복이 있나니

최근 몇 년 사이 유머(humor)와 펀(fun)이 우리 시대의 중요한 트렌드(trend)로 떠올랐다. 그것은 경제적 가치만을 최고로 꼽는 현실 속에서, 메말라버린 감성과 웃음을 부활시켜보고자 하는 자연스런 시대적 욕구일 것이다.

유머는 무엇에 대한 갈망과 욕망, 즉 리비도(libido)의 한 표출 형태이다. 그래서 유머는 이루어질 수 없는 것에 대한 좌절을 단번에 비틀어, 웃음으로 뒤통수를 치고 그것을 일소시켜준다.

그러나 보라. 인터넷 사이트를 숙주로 하여 히드라처

럼 번식하는 저질 유머와 엽기 유머들을… 그것들은 일방적 공개와 침투로 독자들의 선택의 권리마저 침해하고 있다. 욕설과 비속어를 마구 섞어가며 무조건 웃기면 된다는 식의 유머는 일종의 폭력이다. 그것들은 알게 모르게 우리들의 심령과 정서를 해친다.

좋은 유머는 기발한 반전이나, 부조리나, 어이없음이나, 바보스러움 등을 통해 우리에게 웃음을 선사하고 스스로는 소멸하여 진실을 부활시킨다. 그래서 좋은 유머는 단지 '웃기는 농담'에 불과한 것이 아니라, 벌과 같이 몸집은 작지만 그 속에는 꿀과 침을 동시에 지니고 있는 것이라야 한다. 또한 좋은 유머는 고도로 압축되고 개성화된 스토리나 상황이나, 에피그램(epigram) 속에 진실의 비수를 숨기고 있는 것이라야 한다.

무분별한 정보의 홍수 속에서 선별의 능력은 파워(power)이며 실력이다. 그리고 그것은 유머의 분야에서도 마찬가지이다. 바로 이러한 시대적 요구가 이 책을 출간하게 된 동기이다.

역설적으로 들릴지 모르겠지만, 인간은 웃음의 상태에 놓일 때에 가장 충실한 사랑의 상태에 놓이게 된다. 그래서 감히 웃음의 전파는 복음의 전파와 맞먹는 것이라고도 말할 수 있다.

그렇기 때문에 하나님은 우리에게 이렇게 명령하신다. "누구든 나의 이름을 영광스럽게 할지니, 웃음의 능력과 힘을 나타내고 퍼뜨리는 것도 그것이라. 그런 자에게는 복이 있나니, 너희가 세상을 웃게 하면 세상도 너희를 웃게 할 것임이요, 너희가 세상을 사랑하면 세상도 너희를 사랑할 것임이라."

이번에 프리윌 출판사에서 펴내게 된 이 책 〈크리스천 유머〉는 바로 이러한 바탕위에서 기독교와 관련된 복음성 유머들만을 엄선하여 새롭게 가공하고 구성한 것이다.
내용에 있어 단지 그 소재가 기독교적이라고 하여 무조

건 수록한 것이 아니라, 각 유머의 주제가 하나님의 말씀을 증폭적으로, 또는 역설적으로 전할 수 있는 것들만을 골라 고치고 다듬는데 주력하였다.
다만 성경이 곳곳에서 역설적 표현과 비유적 표현을 쓰고 있는 것처럼, 이 책의 유머도 그러하기 때문에 각각의 유머들이 신앙의 초점의 오류나 오해를 불러일으킬 소지가 다소 있으나 독자 여러분들의 높은 사고 수준이 그것을 충분히 포용하리라 믿는다.

아울러 책의 구성에 있어는 각 장을 소재별로 세분함으로써, 누구나가 용도에 맞게 두루 인용할 수 있도록 하였고, 본문을 읽어 나감에 있어 일률적인 대화체 유머가

가져오는 지루함을 없애기 위해 중간 중간에 〈보너스 유머〉와 〈바이블 패러디〉를 삽입하였음을 밝혀둔다.

만일 하나님이 저로 인하여 영광을 얻으셨으면, 하나님도 자기로 인하여 저에게 영광을 주시리니 곧 주시리라.
〈요 13:32〉

2006년 5월
한국유머아카데미 원장 박영만

차례

제1강

하나님의 성은 김씨	…19
하나님과 흑인	…22
아버지의 담장	…24
죄 없는 자	…26
할아버지의 정체	…27
동승자	…29
Bonus Humor 사형자동판매기 사용설명서	…31
Bible parody 창꼰기	…32
동물들의 풋볼 경기	…35
저 인간을 용서하소서	…38
사탄의 작전	…41
억울한 베드로	…43
오래전 이야기	…45
마지막 결투	…47
섬김	…49
칭찬의 이유	…51
오판의 원인	…52

Bonus Humor
사랑이란 이름의 약 ···54
Bible parody
며느리전서 13장 ···57
남자의 굴레 ···58
여자의 굴레 ···60
하나님의 의도 ···61
나뭇잎 ···63
남자를 먼저 만든 이유 ···64
실낙원 ···65
아내의 제안 ···66
여자의 소원 ···67
남자의 소원 ···69
노처녀의 기도 ···71
생각의 방향 ···73
Bonus Humor
성도 유형 33가지 ···75
Bible parody
시편 23편 강원도 버전 ···78

제2강

직통전화 ···81
무시론자(無視論者) ···83

왕복표	⋯85
감사	⋯87
대단하신 하나님	⋯88
자선	⋯90
삶의 방식	⋯92
Bonus Humor 뛰는 놈과 나는 놈의 비교학	⋯94
Bible parody 시편 23편 충청도 버전	⋯96
경계	⋯97
목사님의 재치	⋯99
기적1	⋯101
기적2	⋯103
참새와 집사님	⋯105
조는 이유	⋯108
축복	⋯109
Bonus Humor 크리스천 시투리	⋯110
Bible parody 시편 23편 경상도 버전	⋯111
천국을 아는 이유	⋯112
천국 가는 길	⋯114
할머니의 흡연	⋯116
신령과 진정으로	⋯118
하나님의 목소리	⋯120

해법	···122
오해	···124
관계	···126
Bonus Humor	
믿 듯는 믿듯	···128
Bible parody	
시편 23편 전라도 버전	···130

제3강

선악과	···133
외할아버지	···134
농부와 목사님	···136
농부와 돼지	···138
하나님의 군사	···140
믿음	···142
믿음 좋은 아가씨	···144
Bonus Humor	
감사의 조건	···146
Bible parody	
시편 23편 평안도 버전	···147
황당한 질문	···148
안식일	···149
가야할 곳	···151

아이의 선택	···152
손자의 기도	···154
작정	···156
채점	···158
맹랑한 아들	···160
거짓말	···162
공범	···164
하나님의 소재	···166
Bonus Humor 다섯 가지 우유	···168
Bible parody 시편 23편 함경도 버전	···169
좋은 술	···170
욕망 절제	···172
벌레	···174
앵무새	···175
노인과 사탄	···177
혼비백산	···179
공지사항	···180
불평	···181
Bonus Humor 라면교, 그것이 알고 싶다	···183
Bible parody 라면신경	···186

제4강

물위를 걸은 이유	⋯189
독려	⋯190
구원	⋯192
허망한 교인들	⋯193
헌금	⋯195
대출 부탁	⋯197
십일조	⋯199
어느 명퇴자의 기도	⋯201
하나님의 시간	⋯202
Bonus Humor 어느 젊은이의 고민	⋯204
Bible parody 주(株)기도문	⋯207
거지와 집사님	⋯208
동업	⋯209
골프와 주일예배	⋯211
스님의 개종	⋯213
실력	⋯215
범인	⋯217
거짓말 테스트	⋯219
박쥐 퇴치법	⋯221
선생님과 벌	⋯223

아들의 공로	···225
Bonus Humor 어느 직장인의 기도	···227
Bible parody 고스톱 기도문	···230
엉뚱한 차	···231
걱정	···233
술꾼과 촛불	···235
당연한 짓	···237
세 명의 죄수	···239
명 판결	···241
오, 하나님!	···243
아주 높은 분	···246
지구 최후의 날	···248
인간의 도전	···250
하나님을 공개하라	···252
Bonus Humor 인간의 수명과 생활	···254
Bible parody 컴퓨터 기도문	···256

제 1장

하나님이 너를 웃게 하시니, 듣는 자가 다 너와 함께 웃으리로다.

하나님의 성은 김씨

한 미션스쿨 교장선생님은 해마다 학기를 마치는 날 밤이면, 전교생을 학교운동장에 모아놓고 캠프파이어를 하곤 했다.
그 해에도 어김없이 교장선생님은 전교생을 운동장에 모아놓고, 교실 옥상으로부터 운동장까지 연결된 점화선을 따라 장작더미에 불이 당겨지기를 기다리고 있었다. 학생들은 모두 손에 촛불을 든 채 연단 위에 선 교장선생님을 주목했다.

교장선생님이 학생들에게 말했다.
"자아~ 여러분! 한 학기 동안 수고 많았습니다. 이제 하늘에서 하나님이 불을 내려주시어 우리들을 축복해 주실 겁니다."
그리고는 하늘을 향해 소리쳤다.
"하나님! 저희들에게 축복의 불을 내려 주소서!"
그러나 하늘에선 아무 반응이 없었다.
교장선생님은 헛기침을 하고 나서 좀더 거룩하게 하늘을 올려다보며 외쳤다.
"하나님, 불을 주소서!"
그러나 여전히 불은 내려오지 않았다.
교장선생님은 다시 한번 하늘을 향해 큰 소리로 외쳤다.
"하나님, 제발 불을 내려 주소서!"
하지만 여전히 밤하늘에선 아무런 응답이 없었다.
당황한 교장선생님은 잠깐 학생들의 동태를 살핀 다음, 다시 한번 하늘을 향해 큰소리로 외쳤다.
"하나님! 지금이 불을 내려주실 때입니다. 불을 내려 주소서!"
그러나 여전히 캄캄한 밤하늘은 침묵을 지킬 뿐, 아무런 응답이 없었다.

참다못한 교장선생님은 고개를 돌려 옥상을 올려다보며 버럭 고함을 쳤다.
"이봐요 김씨! 빨리 불 내려요!"
그러자 갑자기 캄캄한 밤하늘에서 시뻘건 불덩이가 유성처럼 꼬리를 만들며 내려와 장작더미에 불을 붙였고, 장작더미는 장엄하게 타올랐다.

이리하여 그날의 캠프파이어는 성공적으로 끝났고, 이후 그 학교의 모든 학생들은 '하나님의 성은 김씨'라고 굳게 믿게 되었으며…
그 전설 같은 이야기는 오늘날까지 면면히 전해져 내려오고 있다.

…말하되, 우리 하나님 여호와께서 그 영광과 위엄을 우리에게 보이시매 불 가운데서 나오는 음성을 우리가 들었고, 하나님이 사람과 말씀하시되 그 사람이 생존하는 것을 오늘날 우리가 보았나이다… 〈신 5:24〉

하나님과 흑인

어떤 흑인이 갑자기 자신의 신체에 대해 궁금해졌다.
그래서 하나님께 여쭈었다.
"하나님!"
"왜?"
"저기…"
"빨리 말해!"
"하나님, 제 머리는 왜 이렇게 곱슬곱슬해요?"
"이눔아, 그건 정글에서 뛰어다닐 때 머리카락이 나무에 걸리지 말라구 그렇게 한 거야!"
"움, 그럼 제 피부는 왜 이렇게 까매요?"
"허참 그눔! 그건 이글거리는 햇볕에 피부가 타지 말라구 그런 거야"

"그렇군요. 근데 전 왜 이렇게 못생겼어요?"

"이눔아, 니가 얼굴은 잘생겨서 뭐하게?"

"그럼, 제 손바닥이랑 발바닥은 왜 이렇게 하얘요?"

"이눔아, 그럼 넌 그것까지 다 까맸으면 좋겠냐?"

"아니요. 근데, 아프리카사람들은 다 그런가요?"

"그럼!"

"근데 전 왜 LA에 살아요?"

"그눔 참, 별걸 다 따지네. 그럼 널 다시 아프리카로 보내주랴?"

…세상에 소리의 종류가 이같이 많되, 뜻 없는 소리는 없나니… 〈고전 14:10〉

아버지의 답장

시골에 계신 아버지가 도시에서 대학을 다니는 아들로부터 연이어 두 통의 편지를 받았다.

"아버지, 그동안 무고하신지요? 집안도 평안하시구요? 자꾸만 돈 부쳐 달라고 해서 죄송합니다. 백만 원이 또 필요 합니다. 이러는 제 마음 염치없고 송구스럽기 짝이 없습니다. 하지만 여기저기서 외상값 독촉이 심해 어쩔 수 없이 편지를 올립니다. 이 불효자식 고향을 향해 무릎을 꿇고 용서를 빕니다."

"아버지, 편지를 부치고 나니 너무 송구스러운 마음이 들어, 다시 우체국엘 쫓아갔습니다. 편지를 되돌려 받아 태우고 싶었거든요. 뛰어가면서 편지가 그대로 있길 하나님께 두 손 모아 기도했지요. 그런데 너무 늦어 이미 발송이 끝난 상태였습니다. 아들의 불찰을 용서해주세요. 앞서 부친 편지에 계좌번호를 안 적은 거 같아 다시 편지 올립니다."

두 통의 편지를 받은 아버지는 즉시 아들에게 답장을 보냈다.

"사랑하는 아들아, 너의 간절한 기도를 하나님께서 들으셨나보다. 네 편지 받지 못했다. 그러니 걱정 말고 부디 공부에 전념하거라!"

…아들이 가로되, 아버지여 내가 하늘과 아버지께 죄를 얻었사오니 지금부터는 아버지의 아들이라 일컬음을 감당치 못하겠나이다하나…
〈눅 15:21〉

죄 없는 자

예수님이 모인 사람들을 둘러보며 단호하게 말씀하셨다.
"누구든지 죄 없는 자가 먼저 저 여자를 돌로 쳐라!"
그러자 하늘에서 돌멩이 하나가 휙 날아왔다.
예수님이 한숨을 쉬시고, 하늘을 올려다보면서 말씀하셨다.
"아부지! 제발 제가 하는 일 방해 좀 하지 마세요!"
그러자 하늘에서 거룩한 음성이 들려왔다.
"내가 죄 없는 자니라~".

…입법자와 재판자는 오직 하나이시니, 능히 구원하기도 하시며 멸하기도 하시느니라. 너는 누구관대 이웃을 판단하느냐?… 〈약 4:12〉

할아버지의 정체

모세 선지자와 예수님, 그리고 수염이 긴 할아버지 한 분이 함께 골프를 쳤다.
첫 번째 티샷에서 모세가 친 공이 연못에 빠졌다. 그러자 모세는 연못을 가르고 들어가 공을 쳐올려 그린위에 떨어뜨렸다.
다음엔 예수님이 드라이버를 쳤는데, 공이 또 다른 해저드에 빠지고 말았다. 그러자 예수님은 물 위를 걸어가 공을 쳐서 홀 컵 가까이에 갖다 놓았다.
다음엔 수염이 긴 할아버지가 엄청난 힘으로 공을 쳤는

데, 심한 훅을 내고 말았다. 공은 클럽하우스 지붕을 맞고 되돌아와 카트 길을 때린 다음, 데굴데굴 굴러가 연못에 빠지더니 연꽃 잎사귀 위에 올라앉았다. 이어 개구리 한 마리가 풀쩍 뛰어올라 그 공을 입에 물었다. 그러자 독수리 한 마리가 날아와 그 개구리를 낚아챈 다음 그린위로 날아갔고, 개구리가 그린위에 공을 떨어뜨렸는데 공이 홀 컵 안으로 쏙 들어갔다. 홀인원이 된 것이다.

그러자 모세 선지자가 예수님께 말했다.

"난 자네 아버지하고 골프 치는 게 싫어!"

…나는 여호와요 모든 육체의 하나님이라. 내게 능치 못한 일이 있겠느냐?…
〈렘 32:27〉

동승자

어떤 남자가 자동차전용도로에서 유유히 휘파람을 불며 오토바이를 타고 가다가 교통경찰에게 잡혔다.
교통경찰이 말했다.
"아주 위험천만한 행위를 하셨습니다. 도로교통법 5조 2항에 의거 벌금 3만원입니다."
그러자 남자가 교통경찰에게 말했다.
"위험하긴 하지만 뒤에 하나님이 타고 계시기 때문에 난 괜찮습니다. 벌금은 사양하겠습니다."

그 말을 들은 교통경찰은 즉시 호주머니에서 스티커를 꺼내며 단정적으로 말했다.
"그렇담, 벌금 6만원입니다. 면허증 제시하시죠!"
이에 남자는 펄쩍 뛰며 항의했다.
"아니, 방금 벌금 3만원이라 해놓고 갑자기 두 배로 뛰는 이유는 뭐요?"
그러자 교통경찰이 퉁명스럽게 대꾸했다.
"1인승 오토바이에 2명이 탔잖소!"

…예수께서 가라사대 너는 나를 본 고로 믿느냐? 보지 못하고 믿는 자들은 복되도다 하시니라… 〈요 20:29〉

사랑자동판매기 사용설명서

1. 값비싼 물건이오니 함부로 만지거나 파손될 행위는 삼가주십시오.
2. 마음이 불량한 사람은 거액의 수표를 넣어도 원하시는 제품이 나오질 않습니다.
3. 투입된 영혼이 오염된 경우에는 저장된 진실이 손상되어 아름다운 사랑이 나오질 않습니다.
4. 장난삼아 또는 나쁜 목적으로 감정을 투입하면, 기기가 영원히 작동되지 않을 수도 있으니 유의하시기 바랍니다.
5. 마음이 예쁘거나 진실한 사람들만을 위해 설치된 것이오니, 동전이나 지폐를 넣지 마시고 건강한 마음과 영혼을 넣으십시오. 그러면 기쁨과 행복으로 포장된 아름다운 사랑이 나옵니다.

…내가 명령으로 하는 말이 아니요, 오직 다른 이들의 간절함을 가지고 너희의 사랑의 진실함을 증명코자 함이로라… 〈고후 8:8〉

 Bible parody

창폰기

20세기에 하나님이 전자회사를 창조하시니라.
한 세기가 지나 하나님이 핸드폰을 만드시고, 그 등에 배터리를 붙여서 전원이 들어오게 하시니 그대로 되니라.
하나님이 핸드폰에 엄청난 양의 메모리를 주시고, 메뉴마다 이름을 붙이면서 그 액정에 '너는 내 것이다'라는 인사말을 넣으니 보기에 좋았더라.
하나님이 핸드폰에게 일러 가라사대 '다른 것은 다 해도 되지만 메뉴 중앙에 있는 정보를 알게 하는 업그레이드 나무의 열매는 접속해서는 안 된다' 하시면서, 그리하면 네가 정녕 죽으리라 하시니라.
하나님이 지으신 것들 중 문자 메시지가 가장 교활 하더라. 어느 날 핸드폰에 문자 메시지가 와서 유혹하여 가로되 '하나님께서 정녕 업그레이드 나무 열매에 접속하면 죽는다 했느냐, 너희가 접속하면 방대한 양의 정보를 얻으리라' 하거늘, 핸드폰이 궁금즉도 하고 해봄직도 하여 그만 접속해버리고 말았더라.

그리곤 곧 자신이 벌거벗었다는 사실을 알고 이곳저곳에 스티커를 구해 붙이거늘, 하나님께서는 화가 나셨지만 참으시고, 가죽으로 만든 옷(핸드폰 케이스)을 입혀주시니라.

이로써 핸드폰은 하나님의 명을 거역하기 전에는 배터리 교환이 필요 없더니, 이후로는 1년에 한번씩 교환을 해야 하고, 끝내는 성능이 다해 죽음에 이르러야 했더라.

세월이 흘러 모든 핸드폰들이 타락하여 온전한 핸드폰이 별로 없더라.

그들은 너나할 것 없이 모두 액정에 '넌 내꺼야!' '난 어디든지 갈 수 있어!'라고 쓰고 다닐 뿐만 아니라, 찬란한 핸드폰 줄을 달고 다니기가 일쑤였더라.

이때 쓰리스타에서 나온 노아핸드폰만이 의로운 자였더라.

하나님은 모든 핸드폰들을 물로 멸할 계획을 세우시고, 노아핸드폰에게 생활 방수용 케이스를 만들게 한 다음, 그 안에 들어가게 하시고 모든 핸드폰들을 모조리 물로 멸하셨더라.

그 후로 핸드폰은 배터리를 하루에 한번씩 충전해야 했고,

마침내는 3년을 넘기지 못하고 죽어야 했더라.

이 모든 시초는 최초의 핸드폰이 교활한 문자메시지의 유혹에 넘어가 하나님의 명을 거역하고, 메뉴 중앙에 있는 '정보를 알게 하는 업그레이드 나무의 열매'에 접속한 데서 비롯된 것이더라.

하나님께서 가라사대 '늘어나는 기능과 넘쳐나는 정보가 너희를 더욱 우매하게 하리라' 하신데, 오늘도 신 기종이 쏟아지고, 노아 핸드폰이 일백 일십 세에 죽으매 그 자손들이 그의 몸에 '의로운 핸드폰'이란 표식을 하고 쓰리스타에 입관하였더라.

동물들의 풋볼 경기

대홍수 기간 동안…
노아의 방주 안에서는 시간이 지루하게 흘렀다.
그래서 사자가 호랑이에게 팀을 만들어 풋볼 경기를 하자고 제안했다.
모든 동물들이 이에 찬성했고, 드디어 경기가 벌어졌다.

사자 팀이 킥오프를 하자마자 호랑이 팀의 원숭이가 중간에서 공을 낚아채 코뿔소에게 패스했다. 코뿔소는 먼지를 일으키며 중앙선을 넘어가 터치다운에 성공했다. 그 후 호랑이 팀은 공을 잡을 때마다 코뿔소에게 패스했고, 코뿔소는 마구 달려가 연속해서 터치다운에 성공했다.
결국 전반전이 끝났을 때, 호랑이 팀이 40:0으로 앞서갔다.

후반전…
이번에도 재빨리 공을 낚아챈 호랑이팀의 원숭이가 코뿔소에게 패스했다. 그런데 코뿔소가 공을 들고 마구 달려가려는 찰나, 사자 팀의 지네가 수많은 다리로 코뿔소의 뒷다리를 휘어 감으며 태클을 시도했다.
그 바람에 코뿔소는 땅에 나뒹굴며 공을 놓쳤다. 그러자 토끼가 냉큼 공을 잡아 달려가서 터치다운에 성공했다. 드디어 사자 팀도 첫 득점을 올리게 되어, 구경하던 동물들이 '와아~'하고 함성을 질렀다.
사자는 너무 기분이 좋아서 지네에게 달려가 그를 와락 껴안으며 큰소리로 말했다.

"야, 멋진 태클이었어! 그런데 너 그렇게 잘하면서 전반전에는 어디서 뭘 했니?"
그러자 사자 품에 안긴 지네가 꼬물거리며 대답했다.
"신발 끈 매고 있었지!…"

…너희는 눈을 높이 들어 누가 이 모든 것을 창조하였나 보라. 주께서는 수효대로 만상을 이끌어 내시고 각각 그 이름을 부르시나니, 그의 권세가 크고 그의 능력이 강하므로 하나도 빠짐이 없느니라… 〈사: 40:26〉

저 인간을 용서하소서

복날을 맞아 보신탕집 주인이 개를 잡기 위해 칼을 들고 개들 앞으로 나섰다.
그런데 웬일인가? 개들이 저마다 한 마디씩 하는 게 아닌가?…
먼저 터프가이 개가 말했다.
"이봐, 너희들이 만물의 영장이야? 너희들 때문에 우리 개들이 씨가 말랐어. 우릴 아주 멸종시킬 셈이야? 우리 개들이 가만히 있을 거 같애? 언젠간 우리 개들이 너희 인간들 고기를 팔 거다. 그때 가서 목줄 풀어달라고 애원하지 말고 어서 그 칼 치워!"

이번엔 섹시한 개가 말했다.

"실땅님, 실땅님! 제 말 좀 들어봐요. 제가 이렇게 될려구 실땅님 사랑한 거 아니잖아요, 제 동생은 어떡해요. 실땅님 이러시면 안돼요. 흑흑!"

그러자 이번엔 무술 하는 개가 말했다.

"후후, 내리쳐 봐! 내 목 잘라 봐. 어이쿠, 왜 다리를 내리치고 지랄이야!"

그러자 이번엔 철학하는 개가 말했다.

"잠깐! 삶이란 무엇인가? 살기 위해 죽고 죽이는 것이니 문제될 게 없겠지… 하지만 이게 너희들이 그렇게 외쳐대는 사랑이며, 정력이며, 보신인가? 정력증진이 러브호텔 수익 상승에 어떤 영향을 미치는가? 또 너희들의 그 더러운 관념적 식성이 개들의 생명에 어떤 영향을 미치는가? 너희들의 그 잔인한 사디즘과 다다이즘을 과연 뭐로 설명할 것인가?"

그러자 이번엔 도 닦는 개가 말했다.

"나무아미타불! 찰나와 같은 견생(犬生)인데 내 어찌 목

숨 구걸을 할꼬? 육체는 그저 한줌 고기 일뿐…"
그러자 이번엔 예수 믿는 개가 말했다.
"주여! 저가 지금 자신이 하는 짓이 무엇인지 알지 못하나이다. 저 불쌍한 인간을 용서하소서!"

…자기의 육체를 위하여 심는 자는 육체로부터 썩어진 것을 거두고, 성령을 위하여 심는 자는 성령으로부터 영생을 거두리라… 〈갈 6:8〉

사탄의 작전

크리스천 전멸작전을 펴던 사탄대장이 부하들로부터 보고를 받고 있었다.
한 부하가 앞으로 나서며 말했다.
"대장님, 저는 옥에 갇힌 예수쟁이들에게 사자를 보냈습니다. 그런데 그들은 사자의 이빨 앞에서도 평화롭게 기도를 했습니다."
"오, 그래? 못된 것들… 더욱 강력한 방법을 쓰도록 해라!"
다음은 다른 부하가 나서며 말했다.
"대장님, 저는 바다를 항해하는 예수쟁이들에게 폭풍우를 일으켰습니다. 그런데 그들은 암초위에 올라가 찬송가를 불렀습니다."

"사악한 무리들 같으니라구… 허리케인으로 싹 쓸어버리도록 해라!"
이번엔 또 다른 부하가 나서며 말했다.
"대장님, 저는 한 교회를 찾아가 3년 동안 모든 일이 잘되고 평안하도록 해주었습니다."
"뭐라고? 네가 지금 미쳤냐?"
사탄대장이 버럭 화를 내자, 그 부하가 말을 이었다.
"그랬더니 저들의 영과 육이 완전히 썩어버렸나이다."

…너희는 믿음을 굳게 하여 저를 대적하라… 〈벧전 5:9〉

억울한 베드로

하늘나라에서…
최근 벌어진 여러 상황들 때문에 하나님께서는 베드로에게 명예퇴직을 권했다.
베드로는 억울했다. 그는 모든 게 한국 사람들 때문이라고 생각했다.
나이를 먹어 눈이 좀 침침해지긴 했지만, 사실은 너무나 많은 한국인들이 성형수술로 자신의 모습을 바꾸었기 때문에 실수로 천당 갈 사람을 지옥 보내고, 지옥 갈 사람을 천당 보낸 것일 뿐이었다.
게다가 지옥으로 보낸 한국인들이 오늘도 '얘들아, 우리 유황불 들어가자!'라고 떠들어 대면서 지옥생활을 즐기는 것은 전적으로 그들이 찜질 방에서 단련된 체력을 바탕으로 하는 것일 뿐, 자신의 잘못은 전혀 없다고 생각했다.
그렇지만 베드로는 하나님께 순종하기로 했다. 왜냐하면 하나님은 모든 것을 다 아시기 때문에…

…너희에게는 머리털까지 다 세신바 되었나니, 두려워하지 말라. 너희는 많은 참새보다 귀하니라… 〈마: 10:30~31〉

오래전 이야기

늘 남의 약점이나 비리를 잡아 협박하여 돈을 갈취해온 사내가 죽어서 하늘나라로 갔다.
천국 문지기 베드로가 그의 삶의 기록을 살펴보고 나서 말했다.
"자네는 천국에 들어갈 자격이 없네!"
그런데 베드로가 막 심판을 마치고 일어서려는 순간, 사내는 뒤에 숨겼던 닭 한 마리를 베드로에게 불쑥 내밀며 말했다.

"이게 뭔지 아시겠지요?"
그러자 가슴이 뜨끔해진 베드로가 주위를 한번 살피고 나서 말했다.
"왜 오래전 얘길 들추고 그러나?… 천국으로 가게!"

…이르시기를 너희는 각기 악한 길과 너희 악행에서 돌이키라. 그리하면 나 여호와가 너희와 너희 열조에게 옛적에 주어 영원히 있게 한 그 땅에 거하리니… 〈렘 25:5〉

마지막 결투

어떤 남자가 죽어서 하늘나라로 갔다.
베드로가 그의 삶의 기록을 살펴보고 나서 말했다.
"이봐, 자네는 어떻게 사는 동안 한번도 착한 일을 한 게 없지?"
그러자 그 남자가 정색을 하며 대답했다.
"무슨 말씀이세요? 저도 좋은 일 한 게 있다구요!"
"어떤 일을 했는데?…"
"제가 길을 가고 있는데, 깡패 놈들이 연약한 아가씨를 괴롭히고 있었어요. 그래서 제가 용감하게 말했죠. '야,

니들 그만 두지 못해?라구요. 그러자 그놈들이 갑자기 각목과 쇠사슬을 쩔그렁거리면서 나를 둘러싸더라구요. 그래도 저는 겁먹지 않고 주먹을 우두둑 꺾으면서 씨익 웃었지요…"
"그래서?…"
"그래서는 무슨 그래서여요? 그게 바로 5분전 일인데!…"

…성도의 죽는 것을 여호와께서 귀중히 보시는도다…
〈시 116:15〉

섬김

어떤 장로님이 죽어서 천국엘 갔다.
천국에 가자마자 배가고파 식당에 가서 앉았는데, 아무리 기다려도 음식 주문을 받지 않았다. 참다못한 장로님은 지나가는 종업원을 붙잡고 물었다.
"왜 물도 갖다 주질 않고, 뭘 주문하겠느냐고 물어보지도 않는 거요? 서비스가 뭐 이래요?"
그러자 종업원이 빙긋 웃으면서 대답했다.
"장로님, 여기서는 셀프서비스입니다."
장로님은 더욱 화가 나서 말했다.
"허참! 그럼 저기 앉은 저 사람들은 왜 종업원들의 서비스를 받는 거요?"
"아, 저분들 말입니까? 저 분들은 평신도들입니다. 저분들은 지상에서 항상 남을 섬겼기 때문에 여기서는 섬김을 받는 것입니다."
하지만 장로님은 납득할 수 없어서 다시 퉁명스럽게 물었다.
"그렇다면 목사님은 어디 계시오? 보이질 않는데…"
그러자 종업원이 자리를 뜨며 말했다.
"아, 목사님요? 목사님은 지금 막 배달 나가셨습니다!"

…각각 은사를 받은 대로 하나님의 각양 은혜를 맡은 선한 청지기 같이 서로 봉사하라… 〈벧전 4:10〉

칭찬의 이유

신실하고 선한 삶을 살아온 목사님과 매우 거친 삶을 살아온 총알택시운전사가 같은 날 죽어서 함께 천국엘 갔다.
그런데 하나님께서는 목사님보다 총알택시운전사를 더 많이 칭찬하셨다.
기가 막힌 목사님이 그 이유를 묻자, 하나님께서 이렇게 대답하셨다.
"너는 사람들을 늘 졸게 했지만, 이 친구는 사람들을 늘 기도하게 했느니라~"

이는 아무 육체라도 하나님 앞에서 자랑하지 못하게 하려 하심이라… 〈고전 1:29〉

오판의 원인

신출귀몰하는 도둑질로 명성을 날리던 남자가 이제 나이가 들어 그 짓을 제대로 할 수 없게 되자, 굶주리게 되었다.
이 딱한 사정을 알게 된 선량한 부자가 노인에게 먹을 것을 보내줬다.
그러다가 부자와 노인은 같은 날 죽어서 함께 하늘나라로 갔다. 그런데 뜻밖에도 먼저 심판대에 오른 부자에게 지옥행이 언도되었다.
그가 악마에게 이끌려 막 지옥 어귀에 이르렀을 때, 천사가 급히 달려와서 그를 다시 재판소로 데리고 갔다.

노인은 아직 거기 있었다.
베드로가 앞서 내린 결정에 대해 사과하면서 부자에게 말했다.
"죄송합니다. 이 노인이 당신 선행기록을 자기 것과 슬쩍 바꿔치기하는 바람에 그만…"

…또한 만일 네 오른손이 너로 실족케하거든 찍어 내버리라. 네 백체 중 하나가 없어지고 온 몸이 지옥에 던지우지 않는 것이 유익하니라…
〈마 5:30〉

사랑이란 이름의 약

⟨효능⟩
1. 세상이 무조건 아름다워 보이고, 사람들이 행복해 보인다.
2. 입에서 콧노래가 떠나지 않고, 끊임없이 기대감이 생긴다.
3. 열등감이 사라지고, 항상 마음이 즐거워진다.
4. 살아있음에 대하여 감사하게 된다.

⟨용법 및 용량⟩
1. 사랑 그 자체에 대한 사랑인지, 대상에 대한 사랑인지를 잘 구분해서 복용할 것
2. 지나친 기대감이나 집착과 함께 복용하지 말 것
3. 인내, 용서, 노력 등과 함께 복용하면 효과를 더욱 높일 수 있음
4. 적당량의 그리움, 낭만, 추억, 선물, 여행 등을 섞어 복용할 것

〈보관방법〉

1. 마음속 깊은 곳에 간직할 것
2. 변질되지 않도록 서로 끊임없는 노력과 관심을 기울일 것

〈유효기간〉

사람에 따라 천차만별

〈사용 시 주의사항〉

1. 끝까지 믿을 것
2. 상대를 배려할 것
3. 우선 참을 것
4. 슬픔도 기쁨도 함께 나눌 것
5. 화내지 말 것
6. 성급해 하지 말 것
7. 있는 그대로의 나를 보이고, 있는 그대로의 상대를 받아들일 것

〈부작용〉

 이루어 지지 않을 경우 절망과 슬픔에 빠질 위험이 있으니 주의를 요함

〈권장소비자 가격〉

돈으로 헤아릴 수 없음

〈제조원〉

하늘나라 제약회사

…그런즉 믿음, 소망, 사랑, 이 세 가지는 항상 있을 것인데, 그 중에 제일은 사랑이라… 〈고전 13:13〉

며느리전서 13장

네가 시어머니께 예쁜 얼굴로 애교 있는 말을 할지라도 사랑이 없으면 소리 나는 구리와 꽹과리가 되고,
네가 배운 게 있어 영어를 잘 하고, 돈 버는 능이 있을지라도 시어머니에 대한 사랑이 없으면 아무것도 아니요,
네가 네게 있는 신용카드로 시어머니께 선물을 사드려도, 그 속에 사랑이 없으면 아무 유익이 없느니라.
시어머니에 대한 사랑은 시어머니가 무리한 요구를 할지라도 참고, 심한 말을 할지라도 온유하며, 남편이 시어머니 편을 들지라도 투기하지 아니하며, 며느리로서 교만하지 않으며, 며느리로서 무례히 행치 아니하며, 화가 목구멍까지 올라와도 삭히며, 뒷바라지가 힘들지라도 끝까지 견디느니라.
…그런즉 며느리에게 미모, 능력, 사랑 이 세 가지는 항상 있을 것인데 그 중에 제일은 사랑이라.

남자의 굴레

어느 날…
아담이 밤늦게까지 밖에서 놀다가 새벽 1시가 되어서야 집에 돌아왔다.
그러자 이브가 매우 화가 나서 소리쳤다.
"당신 지금 몇 시인 줄 알아요? 당신 다른 여자가 생긴 거죠?"
아담은 기가차서 말이 안 나왔지만, 그래도 싸우기 싫어서 점잖게 대답했다.
"그게 무슨 소리야? 이 세상에 여자라고는 당신뿐이잖

아!"

그러나 이브의 의심은 끝이 없었고, 언쟁은 잠이 들 때까지 계속되었다.

그러다가 깜빡 잠이 들어 얼마를 잤는지…

아담은 누군가 옆구리를 콕콕 찌르는 바람에 잠에서 깨었다. 이브였다.

"당신 뭐하는 거야? 자지 않고…"

그러자 이브가 신경질적으로 대답했다.

"말 시키지 말아요! 지금 갈비뼈 숫자 세고 있는 중이니까."

…내가 천국 열쇠를 네게 주리니 네가 땅에서 무엇이든지 매면 하늘에서도 매일 것이요, 네가 땅에서 무엇이든지 풀면 하늘에서도 풀리리라 하시고… 〈마 16:19〉

여자의 굴레

아담이 이브 몰래 갈비뼈로 여자를 만들어 바람을 피우다가 그녀에게 들켰다.
이브가 이 사실을 하나님께 일러바쳐 아담은 하나님께 심하게 야단을 맞았다.
몹시 기분이 상한 아담이 이브에게 눈을 부라리며 말했다.
"어디 두고 보자! 아직 갈비뼈는 얼마든지 있으니까."

…네 샘으로 복되게 하라. 네가 젊어서 취한 아내를 즐거워하라… 악인은 자기 악에 걸리며… 훈계를 받지 아니함을 인하여 죽겠고, 미련함이 많음을 인하여 혼미하게 되느니라… 〈잠 6:18~23〉

하나님의 의도

하나님과 아담이 에덴동산을 거닐며 대화를 나누었다.
아담이 하나님께 여쭈었다.
"하나님, 이브는 정말 예뻐요. 그런데 왜 그렇게 예쁘게 만드셨어요?"
"그래야 네가 늘 그 애만 바라보지 않겠니?"
그러자 아담이 다시 하나님께 여쭈었다.
"이브의 피부는 정말로 부드러워요. 왜 그렇게 만드셨

어요?"
"그래야 네가 늘 그 애를 쓰다듬어주지 않겠니?"
"그런데 하나님, 이브는 좀 멍청한 것 같아요. 왜 그렇게 만드신 거죠?"
"바보야, 그래야 그 애가 널 좋아할 거 아니냐?"

…하나님이시여 주의 인자하심이 어찌 그리 보배로우신지요? 인생이 주의 날개 그늘 아래 피하나이다…
〈시 36:7〉

나뭇잎

에덴동산에 아담과 이브가 단 둘이 살고 있었다.
그러던 어느 날…
아침에 아담이 잠자리에서 일어나 팬티를 찾았으나 보이질 않았다.
그러다 노팬티 차림으로 밥상을 받은 아담이 이브에게 크게 화를 내며 말했다.
"뭐야?… 또 내 팬티로 샐러드를 만들었잖아!"
그러자 이브가 나무라듯 말했다.
"당신 왜 자꾸 그래요? 지천에 깔린 게 팬틴데…"

…자기들의 몸이 벗은 줄을 알고, 무화과나무 잎을 엮어 치마를 하였더라… 〈창 3:7〉

남자를 먼저 만든 이유

주일예배를 마치고 집으로 돌아오는 길에 차안에서 아내가 남편에게 물었다.
"여보, 하나님은 왜 남자를 먼저 만들고 그 다음에 여자를 만들었을까요?"
그러자 남편이 정색을 하며 대답했다.
"그거야 당연하지. 하나님이 여자를 먼저 만들었어봐. 남자 만드는 것을 옆에서 지켜보면서 가슴은 넓게 해 달라, 힘은 세게 해 달라, 어디는 크게 해 달라, 등등 하나님을 얼마나 귀찮게 했겠어?…"

…여호와께 감사하리로다…
그 행사가 존귀하고 엄위하며 그 의가 영원히 있도다…
〈시 111:1~3〉

실낙원

하나님께서 너무나 외로워 보이는 아담을 위해 여자를 만들어주려고 그의 갈비뼈를 취하려다가 갑자기 손길을 멈추었다.
하나님은 잠든 아담을 측은하게 바라보면서 이렇게 말씀하셨다.
"쯧쯧쯧… 푹 자거라. 아마도 오늘이 네가 푹 잘 수 있는 마지막 날이 될 것 이니라."

…사람마다 먹고 마시는 것과, 수고함으로 낙을 누리는 것이 하나님의 선물인 줄을 또한 알았도다… 〈전 3:13〉

아내의 제안

아내와 함께 미술관을 둘러보던 남편이 나뭇잎 한 장만으로 몸을 가린 이브 그림 앞에서 발걸음을 멈추고, 넋이 나간 채 오랫동안 그것을 들여다봤다.
그러자 아내가 남편한데 부드럽게 제안했다.
"여보, 가을에 다시 한번 오자구요!"

…지혜자의 입의 말은 은혜로우나, 우매자의 입술은 자기를 삼키나니… 〈전 10:12〉

여자의 소원

어떤 아가씨가 교회에 나와, 나라를 위해 그리고 자기 자신을 위해 열심히 기도했다.
그러자 그 모습을 갸륵하게 여긴 하나님께서 아가씨에게 말씀하셨다.
"네 모습이 참으로 기특하도다. 요즘은 불황이라 여러 가지 소원은 들어줄 수 없다만, 한 가지 소원만은 들어줄 테니 말해보거라~"
깜짝 놀란 아가씨가 얼른 무릎을 꿇고 잠시 생각한 다음 하나님께 말했다.
"하나님! 이 나라 위정자들이 화합할 수 있게 해 주세요. 국회에서 여당, 야당이 싸우지 않았으면 좋겠습니다."
그러자 아가씨의 소원을 듣고 난 하나님께서 말씀하셨다.

"내 딸아! 거기는 벌써 수십 년 째 지긋지긋하게 싸우고 있기 때문에 나도 어떻게 할 수 없구나. 그러니 다른 소원을 말해보거라."

아가씨는 여전히 무릎을 꿇은 자세로 이번엔 자기 자신을 위한 소원을 말했다.

"하나님! 저는 여태껏 제대로 된 남자를 만나지 못했어요. 잘생기고, 매너 좋고, 친절하고, 요리도 잘하고, 잠자리도 뛰어나고, 여자에게 성실한 남자… 그런 남자를 제게 보내주세요."

그러자 아가씨의 소원을 듣고 난 하나님께서 즉시 이렇게 말씀하셨다.

"아이구! 아까 국회라고 했느냐? 거기 내가 어떻게 해보마!"

…가로되 네가 어려운 일을 구하는도다. 그러나 나를 네게서 취하시는 것을 네가 보면 그 일이 네게 이루려니와 그렇지 않으면 이루지 아니하리라 하고… 〈왕하 2:10〉

남자의 소원

어떤 남자가 외딴 섬 해변 가를 걸으며 하나님께 기도를 드렸다.
"하나님, 제 소원 하나만 들어주세요."
그러자 갑자기 하늘로부터 거룩한 음성이 들려왔다.
"말해 보거라~ 무엇을 원하느냐?"
남자는 즉시 그 자리에 무릎을 꿇고 두 손을 모으며 말했다.
"하나님, 이 섬에서 육지까지 다리를 만들어, 제가 언제든지 자동차로 오갈 수 있게 해주세요."
그러자 하나님께서 말씀하셨다.

"네 믿음에 견주어 그 소원이 합당하긴 한데, 그러자면 들어가는 게 너무 많구나. 교각이 바다 밑바닥까지 닿아야 하니, 콘크리트와 철근이 너무 많이 들어갈 것 같구나. 그러니 그것 말고, 세상을 살아가는데 꼭 필요하다고 생각하는 것을 말해 보거라~"

남자는 여전히 무릎을 꿇은 자세로 말했다.

"그럼, 제가 여자들을 잘 이해할 수 있게 해 주세요. 토라져서 말을 안 하고 있을 땐 마음속으로 무얼 생각하는 건지, 왜 툭하면 우는 건지, '신경 쓰지 마!'라고 말할 때 그 말의 참 뜻은 뭔지, 어떻게 하면 여자들을 행복하게 해줄 수 있는지… 그것을 알고 싶습니다."

그러자 하나님께서 돌연 이렇게 말씀하셨다.

"애! 육지까지 가는 다리를 4차선으로 해주랴, 8차선으로 해주랴?"

…이는 저희로 마음에 위안을 받고 사랑 안에서 연합하여 원만한 이해의 모든 부요에 이르러, 하나님의 비밀인 그리스도를 깨닫게 하려 함이라… 〈골 2:2〉

노처녀의 기도

어떤 노처녀가 매일같이 교회에 나와 '하나님, 저는 신랑이 필요합니다. 제게 좋은 남자를 보내주세요!'라고 기도했다.
그러나 하나님께선 도무지 그녀에게 신랑감을 보내주시지 않으셨다.
그러던 어느 날…

아가씨가 기도하는 것을 본 목사님이 조용히 그녀를 불러서 충고했다.

"자매님, 자신만을 위해 기도하기보다 부모님이나 이웃을 위해 기도해 보세요. 그러면 자매님의 뜻이 더 잘 전달 될 것입니다."

그러자 목사님의 조언을 들은 아가씨는 다음날부터 이렇게 기도했다.

"하나님, 저의 부모님껜 정말로 좋은 사위가 필요합니다. 부디 저희 부모님을 위해 좋은 사위를 보내 주세요!"

…밤중에 소리가 나되 보라, 신랑이로다. 맞으러 나오라 하매… 그런즉 깨어있으라. 너희는 그 날과 그 시를 알지 못하느니라… 〈마 25:6~13〉

생각의 방향

독실한 크리스천인 한 청년이 결혼 승낙을 받기 위해 여자친구의 부모님을 찾아갔다.
저녁 식사를 마치고 함께 차를 마시면서 여자친구의 아버지가 청년에게 물었다.
"그래, 자넨 앞으로 뭘 하면서 살 생각인가?…"
그러자 청년이 당당하게 대답했다.
"네, 전 주의 종이 될 것입니다."
"오~ 주의 종? 그럼 내 딸은 어떻게 먹여 살릴 거지?"
"하나님께서 돌봐 주실 겁니다."
"그래?… 그럼 자식은 누가 키우나?"

"그것도 하나님께서 돌봐 주실 겁니다."
…그렇게 긴 대화를 나누고 청년이 집으로 돌아간 뒤, 여자친구의 어머니가 궁금해서 남편에게 물었다.
"여보, 보니까 사람이 어떤 것 같아요?"
그러자 여자친구의 아버지가 퉁명스럽게 대답했다.
"뭘 물어? 그놈은 돈도 없고 취직할 생각도 없을 뿐만 아니라, 날 하나님이라고 여기는 것 같던데…"

…너는 그에게 이식을 취하지 말고, 네 하나님을 경외하여 네 형제로 너와 함께 생활하게 할 것인즉… 〈레 25:36〉

성도 유형 33가지

1. 옥토형 : 마음을 비우고 와서 말씀을 가득 채우는 성도
2. 돌밭형 : 세상 것으로 꽉 차 있어 말씀이 못 들어가는 성도
3. 길가형 : 세상 것이 반정도 차 있어 말씀이 반만 들어가는 성도
4. 조퇴형 : 예배를 마무리하는 축도 시간에 빠져 나가는 안타까운 성도
5. 간호형 : 노인들을 정성스럽게 모시는 아름다운 성도
6. 점검형 : 한 시간 전에 와서 이것저것 점검하는 성실한 성도
7. 고아형 : 어른은 간 데 없고 기특하게 혼자 나온 아이
8. 총동원형 : 온 가족을 이끌고 나온 성도
9. 나홀로형 : 부부 중 한쪽만 나온 성도
10. 데이트형 : 30분전에 와서 다른 성도와 교제하는 끼 있는 성도
11. 나들이형 : 반바지와 티셔츠 차림으로 교회에 나오는 성도
12. 후진국형 : 일찍 나왔어도 언제나 뒤에 앉으려는 성도
13. 개발국형 : 신앙심을 키우기 위해 뒤보다는 앞에 앉으려는 성도

14. 선진국형 : 늦게 나왔어도 언제나 맨 앞에 앉으려는 성도
15. 푸시맨형 : 뒤늦게 나와 끼어 앉으려고 엉덩이로 푸시하는 성도
16. 고양이형 : 뒤늦게 나와 묵도 시작을 기다렸다가 살금살금 들어가는 성도
17. 산토끼형 : 뒤에 앉았지만 말씀을 잘 들으려고 귀를 쫑긋 세우는 성도
18. 공부벌레형 : 한 시간 전에 와서 성경을 정독하는 성도
19. 되새김질형 : 한 시간 전에 와서 지난주 말씀을 되새겨보는 성도
20. 요리조리형 : 계단을 꽉 메우고 올라가는 대열 속을 요령 있게 잘 누비는 성도
21. 귀가준비형 : 집에 일찍 가길 작정하고 미리 맨 뒤에 앉는 성도
22. 사이드맨형 : 늘 의자 가장자리에 앉아 통로를 막는 성도
23. 중심잡힌형 : 의자 가운데에 앉아 다른 성도의 편의를 도모하는 모범적인 성도
24. 뻔뻔당당형 : 늦게 나왔지만 늠름하게 앞에 가서 앉는 성도
25. 고아방치형 : 어린아이가 울어도 그대로 내버려두는 성도

26. 만년지각형 : 늦는 시간도 일정한 무감각한 성도
27. 과대포장형 : 언제나 패션모델처럼 화려하게 꾸미고 나오는 성도
28. 다리미고장형 : 늘 보아도 구겨진 옷만 입고 나오는 성도
29. 예복준비형 : 늘 깨끗한 옷으로 단정하게 꾸미고 나오는 성도
30. 기둥서방형 : 늦게 나온 관계로 부득이 성전 기둥 뒤에 앉는 성도
31. 못떨어져형 : 늦게 나오는 바람에 일행과 떨어져 앉게 된 것을 무척 아쉬워하는 성도
32. 출처관심형 : 목사님의 오늘 설교는 어디서 인용했을까? 하고 엉뚱한데 더 많은 관심을 갖는 성도
33. 뚝배기장맛형 : 겉보기엔 그저 그런데, 예상 외로 신앙심이 깊은 성도

…나무는 각각 그 열매로 아나니, 가시나무에서 무화과를, 또는 찔레에서 포도를 따지 못 하느니라… 〈눅 6:44〉

 Bible parody

시편 23편 강원도 버전

여보서요, 여호와는요 우리 목자래요. 내가요 부족한기 한 개도 읍잖소. 이지가지 마카 주이까내 부족한기 머이 있겠소?
그부이요, 나르 버덩에 눕히지르 않나, 거랑가로 데리고 댕기미 이지가지 주지르 않나, 날구장창 데리고 댕게요.
내 영혼을 소생시키니까네, 내가 다시 살았잖소. 의의 질로 데리고 댕기니까네 아재야, 나는 아주 편안하다니.
내가 사망의 시커먼 벼앙지 같은 어닝으로 뺑창으로 신질로 돼 댕게도 나는 겁시 안난다니. 왜냐하믄 그 부이 내하고 같이 댕기고, 내가 잘못 가므는 짝때기를 가주고 막 쌔레대니까네.
주께서 원수 같은 놈들 앞에서 나르 상도주고 참지름으로 머리에 발라주고 하니까, 내 곱뿌가 마카 넘잖소.
내 평생에 선하심과 인자하심이 나르 따라 댕기니까네, 내가요 그분 댁에 날구장창 같이 살꺼래요. 그래니 음매나 좋소.

제 2 장

웃음을 네 얼굴에, 즐거운 소리를 네 입술에 채우시리니…

직통전화

어느 교회에서…
목사님은 설교 때마다 울리는 핸드폰 소리 때문에 늘 신경이 쓰였다.
그날도 열심히 설교를 하고 있는데, 또 누군가의 핸드폰이 '삐리리~ 삐리리~' 하고 울렸다. 한참을 그렇게 울리는데 아무도 받지 않았다.
교인들이 웅성거리기 시작했고, 목사님도 열이 오르기 시작했다.
그런데 목사님은 뒤늦게 그 벨소리가 자신의 호주머니에서 울리고 있다는 걸 깨달았다.

당황한 목사님은 이 상황을 어떻게 극복할까 잠시 생각하다가, 얼른 호주머니에서 핸드폰을 꺼내 들고 말했다.
"아, 하나님이세요? 제가 지금 설교중이거든요. 예배 끝나고 다시 전화 드리겠습니다."

…주의 인자하신 대로 주의 종에게 행하사, 주의 율례로 내게 가르치소서…
〈시: 119:124〉

무시론자(無視論者)

부산 행 고속열차 안에서…
우연히 목사님과 돈 많은 부자가 같이 앉게 되었다. 통성명이 끝난 다음, 목사님이 조심스레 부자에게 물었다.
"선생께선 종교가 있으신가요?"
그러자 부자가 무뚝뚝하게 대답했다.

"난 무신론자올시다."
"그렇군요. 무신론자라도 성경을 읽어본 사람들은 많던데, 혹시 성경을 읽어보신 적은 있나요?"
"허이구, 이 바쁜 세상에 내가 뭐 하러 그런 고리타분한 책을 읽습니까?"
"그럼, 벤허나 쿼바디스 같은 종교영화를 보신 적은 있으세요?"
"없습니다! 돈만 있으면 재미난 세상인데, 내가 뭐 하러 그런 걸 들여다보고 앉았겠어요."
그러자 무안해진 목사님이 부자에게 사과하듯 머리를 조아리며 말했다.
"죄송합니다. 선생께선 무신론자라기보다 무시론자시군요."

…우리는 하나님께 속하였으니 하나님을 아는 자는 우리의 말을 듣고, 하나님께 속하지 아니한 자는 우리의 말을 듣지 아니하나니, 진리의 영과 미혹의 영을 이로써 아느니라… 〈요일 4:6〉

왕복표

부산 행 고속열차 안에서…
여승무원이 차표 검사를 하는데, 어떤 젊은이가 표를 찾지 못해 애를 태우고 있었다.
주머니를 다 뒤져도 표가 나오질 않자, 그 젊은이는 듣기 민망한 욕을 마구 섞어가며 투덜대었다.
여승무원이 '천천히 찾아본 다음 차표가 나오면 그때 다시 불러 달라.'고 친절히 안내했지만, 그래도 그 젊은이는 여전히 투덜거렸다.

그러자 옆에 앉아있던 노신사가 그에게 조용히 타일렀다.
"이봐요 젊은이! 그렇게 함부로 욕설을 입에 담으면 지옥에 도착해서 돌아오지 못해요!"
그러자 젊은이가 노신사를 힐끗 돌아보며 퉁명스럽게 대꾸했다.
"어디든 상관없어요! 난 왕복표를 끊었으니까…"

…네가 언어에 조급한 사람을 보느냐? 그보다 미련한 자에게 오히려 바랄 것이 있느니라…〈잠 29:20〉

감사

조그마한 시골 교회를 맡고 있는 어떤 목사님이 배추밭을 매고 있었다. 가을 햇볕은 뜨겁고, 잡초는 끝없이 이어지고… 그때 악마가 나타나서 말했다.
"목사님, 이래도 범사에 감사할 수 있습니까?"
목사님은 악마의 유혹을 물리치려고 한참을 궁리하다가 이렇게 말했다.
"하나님, 감사합니다! 이 많은 잡초가 메뚜기처럼 이리저리 튀어 다니지 않고 한 자리에 있어서, 제가 잡초를 다 뽑을 수 있도록 해주시니 정말 감사합니다."

…범사에 감사하라. 이는 그리스도 예수 안에서 너희를 향하신 하나님의 뜻이니라…
〈살전 5:18〉

대단하신 하나님

한 젊은 부인이 아기를 안고 교회 앞에 쭈그리고 앉아 슬피 울고 있었다.
지나가던 노신사가 그녀에게 다가가서 물었다.
"부인, 왜 그리 슬피 우는 겁니까?"
그러자 부인은 슬픈 표정으로 대답했다.
"우리 아기에게 세례를 주고 싶은데, 헌금할 돈이 없어서요…"
노신사는 더 이상 묻지 않고 지갑에서 10만 원짜리 수표를 꺼내 부인에게 건네며 말했다.
"5만원은 헌금 하시고, 5만원은 제게 돌려주세요. 여기서 기다리고 있겠습니다."
부인은 뜻하지 않은 노신사의 호의에 놀라, 몇 번이고 그에게 감사의 말을 전했다.
그리고는 돈을 받아들고 교회 안으로 들어가 세례를 마치고 한참 만에 밖으로 나와, 노신사에게 5만원을 돌려주며 말했다.
"하나님께, 그리고 선생님께 다시 한번 감사드립니다."
그러자 노신사가 웃으면서 말했다.
"부인, 역시 하나님은 대단하신 분인 것 같지 않아요? 댁의 아기는 세례를 받았고, 댁은 기쁨이 넘치고, 나는 5만원이 생겼고, 하나님께도 5만원이 생겼으니 말입니다."

…자비한 자에게는 주의 자비하심을 나타내시며, 완전한 자에게는 주의 완전하심을 보이시며… 〈시 18:25〉

자선

장거리 운행을 하는 버스 안에서 갑작스러운 일이 발생했다.

산모가 진통을 시작해서 분만을 하려는 것이었다. 너무 급한지라 버스에 탄 부인네들이 산모의 시중을 들게 되었고, 마침내 갓난아기의 힘찬 울음소리가 버스 안에 울려 퍼졌다.

동승한 승객들은 모두 기뻐하며 저마다 갓 태어난 생명과 산모에게 축하의 말을 건넸다. 이어 자신을 신학대학교 학생이라고 신분을 밝힌 한 젊은이가 모자를 돌리기 시작해서 아기를 위한 즉석 모금이 전개되었다.
버스 운전사는 승객들의 따뜻한 인정에 감격했다. 그래서 자기도 가만히 있을 수 만은 없어 헌금을 하려는데, 마침 지갑을 집에 두고 와서 수중에 돈이 없었다.
하는 수 없이 그는 뒤를 돌아보며 산모에게 한마디 했다.
"부인, 3세 이하의 어린아이에게는 이 버스의 요금을 무료로 하겠습니다!"

…마음이 지혜로운 자가 명철하다 일컬음을 받고, 입이 선한 자가 남의 학식을 더하게 하느니라… 〈잠 16:21〉

삶의 방식

도시에서 온 어떤 부자가 해변을 거닐다가, 고기잡이배 옆에 드러누워 한가로이 햇볕을 즐기고 있는 한 어부를 발견하고는 어처구니가 없어서 한마디 했다.
"이봐요 어부양반! 지금 이 금쪽같은 시간에 왜 고기는 안잡고 빈둥빈둥 놀기만 하는 거요?…"
그러자 베드로처럼 인상 좋게 생긴 그 어부가 빙그레 웃으면서 대답했다.
"며칠 먹고 살 만큼 벌어 놨기 때문이오."
"그렇지만 시간 있을 때 많이 벌어놓으면 좋잖소!"
"그래서 뭘 하게요?"

"뭘 하긴?… 돈을 벌어 큰 배를 사고, 그 배로 먼 바다까지 나가서 지금보다 고기를 더 많이 잡으면 나처럼 부자가 될 것 아니오!"
"부자가 되서 뭘 하게요?"
"아, 그렇게 되면 편히 누워 한가롭게 삶을 즐길 수가 있잖소?"
"허이구 참, 내가 지금 그러고 있잖소!"

…네가 이 세대에 부한 자들을 명하여 마음을 높이지 말고, 정함이 없는 재물에 소망을 두지 말고, 오직 우리에게 모든 것을 후히 주사 누리게 하시는 하나님께 두며…
〈딤전 6:17〉

Bonus Humor

뛰는 놈과 나는 놈의 비교학

1. 절대주의자 : 뛰는 놈 위에는 반드시 나는 놈 있다.
2. 상대주의자 : 뛰는 놈이 있기 때문에 나는 놈이 있다.
3. 낙관주의자 : 뛰는 놈도 언젠가는 날 수 있다.
4. 비관주의자 : 뛰는 놈은 아무리 뛰어도 날 수가 없다.
5. 신비주의자 : 뛰는 놈의 영혼은 곧 날고 있는 것이다.
6. 현실주의자 : 뛰는 놈이 나는 놈을 따라잡으려면, 더욱 실력을 갈고 닦아야 한다.
7. 고대수학자 : 나는 놈의 날개를 2로 나누면 떨어진다.
8. 근대수학자 : 나는 놈의 날개짓은 나눗셈에 대해 닫혀 있다.
9. 현대수학자 : 뛰는 놈은 2차원에 속한 것이고, 나는 놈은 3차원에 속한 것이다.
10. 생물학자 : 뛰는 놈은 다리가 있고, 나는 놈은 날개가 있다.
11. 화학자 : 뛰는 놈보다 나는 놈이 옥시토신을 더 많이 분비한다.

12. 뉴턴 : 뛰는 놈과 나는 놈은 서로 끌어당긴다.
13. 다윈 : 뛰는 놈이 진화하면 나는 놈이 된다.
14. 헤겔 : 변증법적으로 볼 때, 뛰는 놈과 나는 놈 다음엔 희한한 놈이 나온다.
15. 칼융 : 뛰는 놈은 주행 콤플렉스, 나는 놈은 비행 콤플렉스를 가지고 있다.
16. 맹자 : 뛰는 놈이건 나는 놈이건, 태어날 때는 둘 다 선하게 태어났다.
17. 순자 : 뛰는 놈이건 나는 놈이건, 태어날 때는 둘 다 악하게 태어났다.
18. 마르크스 : 뛰는 놈은 나는 놈에게 늘 착취당한다.
19. 부처님 : 뛰는 놈이나 나는 놈이나, 다 내 손바닥 안에 있다.
20. 예수님: 뛰는 자건 나는 자건, 의를 위하여 핍박받는 자에게는 복이 있나니, 너희가 하나님을 볼 것이니라.

…나 여호와가 말하노라. 몽사를 얻은 선지자는 몽사를 말할 것이요, 내 말을 받은 자는 성실함으로 내 말을 말할 것이라. 겨와 밀을 어찌 비교하겠느냐?…
〈렘 23:28〉

Bible parody

시편 23편 충청도 버전

여호와는 염생이 같은 지를 키우시고 멕이시는 분이시니, 지가 부족한 것이 없네유.
그분이 지를 무지무지 파란 풀밭에 어푸러지게 하시고, 너나노하기 딱 좋은 둠벙 가생이로 인도하여 주셔유.
지 영혼을 살려주시구유, 그분의 함짜를 위하여 의의 질루 인도하시는 것이지유.
지가 죽어 자빠질도 모를 깡깜하고 칙칙한 골짜구니로 댕겨두, 해꼬지를 무서않는 것은 주님께서 지와 같이 하시기 때문이지유. 하마 주님의 지팽이와 짝대기가 지를 지켜주시네유.
주께서 지 웬수의 면전에서 상다리가 부러질 정도로 잔치를 여시구, 지름을 지 머리에 발라주시니 지가 몸둘 바를 모르겄시유. 시방두 지 잔이 넘쳐유.
지 평생 동안 선하심과 인자하심이 참말루 지를 따라댕길 모냥이니, 지가 여호와의 집에 아예 푹 눌러 살것시유.

경계

어느 교회 목사님이 새 신자의 집을 방문하게 되었다. 그런데 그 집에 들어서자, 마당 귀퉁이에 사나운 불독 한 마리가 쭈그리고 앉아 있다가 낯선 사람을 보고 날카로운 이빨을 드러내며 으르렁거렸다.
목사님이 겁을 먹고 뒤로 물러서자, 주인인 새 신자가 말했다.
"목사님, 괜찮습니다. 저 개는 어릴 때 제가 우유를 먹여 키웠기 때문에 보기는 저래도 양처럼 온순합니다."
그러자 목사님은 여전히 경계하는 자세로 말했다.
"허이구 성도님, 그런 말 마세요. 나도 어릴 땐 우유로 컸지만 지금은 고기를 먹는다구요!"

…유사들은 오히려 또 백성에게 고하여 이르기를, 두려워서 마음에 겁내는 자가 있느냐? 그는 집으로 돌아갈지니 그 형제들의 마음도 그의 마음과 같이 떨어질까 하노라 하여… 〈신 20:8〉

목사님의 재치

어느 교회 목사님이 설교 도중 큰 실수를 저지르고 말았다.
"니고데모는 신분이 세리였고 키가 작은 사람이었습니다. 그런데 그는 예수님을 몹시 보고 싶었습니다."
그러자 설교를 듣던 성도들이 수군거리기 시작했다. 목사님은 자기 설교가 은혜가 있어 그런 줄 알고 더 큰 소리로 말했다.
"어느 날 예수님이 니고데모가 사는 동네에 오셨습니다. 니고데모는 예수님이 보고 싶어 나아갔지만, 키가 작아 뽕나무 위로 올라갔습니다."

설교가 이쯤 되자 성도들이 '와~'하고 웃어버렸다.
그때서야 자기 실수를 깨닫게 된 목사님은 얼굴이 화끈 달아올라 당황이 되었다.
그러나 목사님은 얼른 자세를 가다듬고 멋지게 재치를 발휘했다.
"그때 삭개오가 나타나 이렇게 외쳤습니다. 야, 그 자리는 내 자리야. 빨리 내려와!"

순간, 교회 안의 성도들은 배를 잡고 뒤집어졌다.

…저의 역사로 말미암아 사랑 안에서 가장 귀히 여기며 너희끼리 화목하라…
〈살전 5:13〉

기적 1

기적을 일으킨다고 소문난 목사님이 있어, 방송국 기자들이 그에게 몰려갔다.
한 방송국 기자가 그에게 물었다.
"목사님께선 이적을 행한다고 들었는데, 그게 사실인가요?"
그러자 그 목사님은 일단 기자들을 자리에 앉힌 다음 이렇게 설명했다.
"제가 기적을 일으키는 건 사실입니다. 어제 저녁만 해도 그렇습니다. 제가 시내 번화가를 지나오는데, 네온이 찬란한 환락가 건물이 눈에 들어오더군요. 그래서 저는 차안에서 큰소리로 기도했지요. '하나님, 저 건물이 무너져내리게 해주십시오!'라고요… 그런데 바로 그 순간 제 머릿속을 스치는 게 있었습니다. 환락가 건물이 무너져내리는 것은 괜찮지만, 인명피해가 나면 그 중에는 분명 억울한 사람도 있을 거라는 생각이 든 것입니다.
그래서 저는 얼른 다시 기도했지요. 건물이 무너져 내리지 않게 해 달라고… 그랬더니 과연 그 건물은 그대로 서 있더군요. 이 얼마나 놀라운 기적입니까?…"

…엘리야는 우리와 성정이 같은 사람이로되, 저가 비 오지 않기를 간절히 기도한즉 삼년 육 개월 동안 땅에 비가 아니 오고, 다시 기도한즉 하늘이 비를 주고 땅이 열매를 내었느니라… 〈약 5:17~18〉

기적 2

해외여행을 마치고 돌아오는 한 관광객이 고급 양주를 몰래 가지고 들어오다 세관원에게 들켰다.
세관원이 관광객에게 물었다.
"병 속에 든 게 뭐죠?"
"에베소교회의 성수입니다"
세관원은 관광객을 그냥 통과시켜주려다 말고, 뭔가 미

심쩍은 듯 병 속에 든 내용물을 조금 맛보더니, 험악한 표정을 지으며 다그쳤다.
"성수라고요? 이건 술이잖아요!…"
그러자 관광객이 깜짝 놀라며 소리쳤다.
"맙소사! 바울 사도께서 또 기적을 일으키셨군요!"

…여호와 나의 하나님이여, 주의 행하신 기적이 많고 우리를 향하신 주의 생각도 많도소이다. 내가 들어 말하고자 하나 주의 앞에 베풀 수도 없고, 그 수를 셀 수도 없나이다… 〈시 40:5〉

참새와 집사님

어느 교회의 집사님 한 분이 늘 입버릇처럼 아담과 이브를 원망했다.
"젠장, 아담과 이브는 왜 선악과를 따먹어서 우리를 이렇게 고생시키는 거야?…"
하루 이틀도 아니고 허구한 날 그렇게 하자, 목사님은 그 집사님의 험한 입을 좀 다물게 하기 위해 한 가지 방법을 생각해 냈다.

어느 날…

목사님은 그 집사님과 다른 교인들을 자기 집으로 초청했다. 그러면서 그 집사님에게는 일부러 6시에 오라하고, 다른 교인들은 7시에 오라고 했다.

초청을 받은 집사님은 일찌감치 목사님 댁에 도착했다. 초대상이 잘 차려져 있었고, 음식을 담은 그릇 마다 뚜껑이 덮여져 있었다.

이런저런 이야기를 나누다가 목사님이 자리에서 일어나며 집사님에게 당부했다.

"집사님, 손님들이 올 시간이 돼서 잠시 문밖에 나가 보아야겠습니다. 그런데 한 가지 당부 드릴 것은 다른 음식들은 다 뚜껑을 열어보아도 괜찮지만, 여기 이 가운데 것만은 절대 열어보지 마십시오. 이것은 손님들이 다 모인 다음에 열도록 합시다."

목사님이 밖으로 나가자, 집사님은 매우 궁금한 생각이 들었다.

"도대체 뭐가 들어있기에 다른 것은 열어보아도 괜찮다면서, 이것만은 열지 말라고 했을까?…"

궁금증을 참지를 못한 집사님은 결국 그 음식 그릇의 뚜껑을 열어보았다. 그러자 갑자기 그릇 안에 들어있던 참새 한 마리가 밖으로 튀어나와 방안을 이리저리 날아다니기 시작했다.
집사님은 당황했다. 그래서 참새를 잡으려고 방안을 이리저리 뛰어다녔다.
바로 그 때, 목사님이 방으로 들어오면서 말했다.
"집사님! 아담과 이브도 그렇게 한 겁니다. 아시겠어요?…"

…네가 그 의인을 깨우쳐 범죄치 않게 하므로 그가 범죄치 아니하면 정녕 살리니, 이는 깨우침을 받음이며 너도 네 영혼을 보존하리라…
〈겔 3:21〉

조는 이유

설교가 시작되기만 하면 조는 집사님이 있었다.
그래서 어느 날, 목사님이 그 집사님을 불러 조용히 물어보았다.
"설교 때마다 조시는데 특별한 이유라도 있나요?"
"그야, 설교가 시작되면 안심이 되기 때문이죠."
"그게 무슨 말씀이세요?"
"설교가 교리적으로 맞고, 내용도 좋고, 이단의 주장을 하시는 것도 아니기 때문에 제가 안심이 됩니다. 그래서 잠이 드는 것이지요."

…그러나 너희 눈은 봄으로, 너희 귀는 들음으로 복이 있도다… 〈마 13:16〉

축복

어떤 교회에서…
새 신자를 맞은 여집사 한 분이 그녀의 말 친구가 되어 주었다.
이런 저런 얘기 끝에 그녀가 울먹이며 고백했다.
"그 사고가 있은 직후, 우리 남편은 의식을 회복하지 못한 채 세상을 뜨고 말았어요."
그러자 그 여집사는 그녀를 이렇게 달랬다.
"그건 축복이에요. 본인이 죽은 걸 영원히 인식하지 못하니까요!"

…내가 축복의 명을 받았으니, 그가 하신 축복을 내가 돌이킬 수 없도다…
〈민 23:20〉

크리스천 사투리

1. 당신 나를 배신했군요.
   전라도 : 어따~ 닭이 3번 울겄다.
   경상도 : 은 30전 하고 또 뭐 받았노?

2. 당신 참 어처구니없군요.
   전라도 : 얼래~ 별이 절을 혀?
   경상도 : 니 시방 방주 짓나?

3. 지금 나한데 반항하는 겁니까?
   전라도 : 장자를 확 거둬가버릴 팅게~
   경상도 : 니, 시방 내 앞에서 바벨탑 쌓나?

4. 나를 의심하지 마세요.
   전라도 : 워따~ 옆구리에 손 찔러보면 될 것 아니여~
   경상도 : 니, 그카믄 소금기둥 된데이~

…방언을 말하는 자는 사람에게 하지 아니하고 하나님께 하나니, 이는 알아듣는 자가 없고 그 영으로 비밀을 말함이니라… 〈고전 14:2〉

시편 23편 경상도 버전

여호와가 내 목자아이가? 그라이 내사 마 답답할끼 머 있겄노?

그 양반이 낼 시퍼런 풀구디에 디비지게 하시고, 분위기 직이는 또랑까로 낼로 이끈신데이.

내 정신 챙기가 올케 살라카심은 다 그 양반 체면 때문이라 안카나?

내 죽을 뻔한 골짜구디 껌껌한데서도 간띠가 부어가 댕길 수 있으이, 그 빽이 참말로 여간 아인기라. 다 주의 몽디와 짝대기가 내를 맨날 지키시기 때문이데이.

그 양반이 내 웬수 죽일노무 문디자슥들 앞에서 내를 방방 띠우시고, 대가리에 지름 발라주시고, 내를 팍팍 키와주시니 내사 뭔 걱정이 있겄노 말이다.

내 인생이 억수로 복잡타 케싸도 저 양반이 맨날 지키줄 긴게로, 내사 마 우짰든지 그 옆에 딱 붙어가 때리 직이도 안 떠날란다.

천국을 아는 이유

부흥회를 인도하는 목사님이 설교 시간에 천국은 매우 좋은 곳이라고 자세히 설명했다.
그런데 한 젊은 성도가 예배 후 목사님을 찾아와서 물었다.
"목사님! 목사님은 한번도 가본 적이 없으시면서, 어떻게 천국이 그렇게 좋은 곳인지 알 수 있어요?"
그러자 목사님이 대답했다.
"그건 아주 쉽게 알 수 있어요."
"어떻게요?"
"지금까지 천국이 싫다고 되돌아온 사람이 아무도 없거든!…"

…너희는 기쁨으로 나아가며 평안히 인도함을 받을 것이요, 산들과 작은 산들이 너희 앞에서 노래를 발하고 들의 모든 나무가 손바닥을 칠 것이며… 〈사 55:12〉

천국 가는 길

어떤 목사님이 다른 교회 부흥회를 인도하기위해 차를 몰고 낯선 도시에 갔다가 그만 길을 잃고 말았다.
목사님은 한참을 헤매다가 하는 수 없이 지나가는 노인을 붙잡고 물었다.
"할아버지, 중앙교회가 어디 있는지 아세요? 이 근처 어디인 듯 싶은데…"
"바로 뒤에 있잖소!"
"아, 그렇군요… 그런데 혹시 교회에 나가시나요?"

"난, 교회를 싫어해요!"
"할아버지, 오늘 저녁에 시간 있으면 제 설교 들으러 오세요. 제가 천국 가는 길을 가리켜 드릴게요."
그러자 할아버지가 멈췄던 걸음을 옮기며 말했다.
"바로 뒤에 있는 교회도 모르는 양반이 천국 가는 길을 어떻게 알아?…"

…가라사대 진실로 너희에게 이르노니, 너희가 돌이켜 어린 아이들과 같이 되지 아니하면 결단코 천국에 들어가지 못하리라… 〈마 18:3〉

할머니의 흡연

어떤 벽지 마을에 파송된 젊은 목사님이 그곳 주민들을 상대로 선교활동을 시작했는데, 그가 무엇보다도 못마땅하게 생각한 것은 여자들의 흡연이었다.
어느 날 오후…
목사님이 허름한 오두막 앞을 지나가자니, 할머니 한 분이 식후의 담배를 즐기고 계셨다.
그가 할머니에게 다가가서 말했다.

"할머니! 때가 되서 천당에 들어갈 때 숨을 헐떡거리며 고약한 담배냄새를 풍겨서야 어디 통과시켜 주겠어요?"
그러자 할머니는 물고 있던 담배를 뻐끔거리면서 대답했다.
"이봐요 젊은이, 천당에 들어갈 땐 이승에서 숨을 거두고 가는 게야!"

…네가 네 자신과 가르침을 삼가 이 일을 계속하라. 이것을 행함으로 네 자신과 네게 듣는 자를 구원하리라…
〈딤전 4:16〉

신령과 진정으로

어느 주일날 아침…
큰 교회에 사람들이 넘쳐나도록 모여들었다.
그런데 목사님이 막 설교를 시작하려는 순간, 트렌치코트 차림의 험상궂은 사내 둘이 교회 안으로 들어섰다.
거칠게 들어 선 그들 중 한 사내는 뒤쪽에 남고, 다른 한 사내는 가운데로 뚜벅뚜벅 걸어 나갔다. 그러더니 그는 갑자기 코트 안에 숨겼던 기관총을 꺼내 들고 소리쳤다.
"예수를 위해 총탄을 맞을 준비가 된 사람만 자리에 남고 모두 나가라!"

기겁을 한 신도들은 혼비백산하여 급히 교회를 빠져나 갔고, 합창단원들과 부목사도 뒤따라 나갔다.
남은 사람은 이제 열명 정도로 줄어들었다. 담임 목사는 여전히 설교단을 지키고 있었다.
그러자 가운데로 나온 사내는 천천히 총을 치우면서 목사님에게 말했다.
"이제 위선자들은 모두 나갔소! 그러니 신령과 진정으로 예배를 시작하시오!"

…사자가 가라사대 그 아이에게 네 손을 대지 말라. 아무 일도 그에게 하지 말라. 네가 네 아들 네 독자라도 내게 아끼지 아니하였으니, 내가 이제야 네가 하나님을 경외하는 줄을 아노라… 〈창 22:12〉

하나님의 목소리

어떤 교회에서…
목사님이 설교를 하고 있는데, 술취한 남자 하나가 강단 앞으로 뛰어나오면서 소리쳤다.
"나는 예수다!"
갑작스런 사고에 성도들이 모두 쩔쩔매며 어쩔 줄 몰라 했다.

그런데 한 예배위원이 급히 방송실로 뛰어 올라가더니 마이크에 에코를 넣고 거룩한 목소리를 흉내 내어 말했다.
"난~너를 보낸 적이 없노라~"

그러자 날뛰던 술주정뱅이가 조용히 걸어 나갔다.

…너희는 삼가 그 목소리를 청종하고 그를 노엽게 하지 말라. 그가 너희 허물을 사하지 아니할 것은 내 이름이 그에게 있음이니라…
〈출: 23:21〉

해법

어느 가풍 있는 크리스천 집안 며느리가 드디어 아들을 출산했다.
그런데 산후 조리가 다 끝나갈 무렵, 그녀는 황당한 광경을 목격했다.
시어머니가 아기에게 젖을 물리고 있는 게 아닌가?…
며느리는 그 후로도 여러 번 시어머니가 아기에게 마른 젖꼭지를 물리려고 애쓰는 모습을 목격했다.

그녀는 이 어이없는 사실을 혼자 고민하다가, 하는 수 없이 목사님과 상의했다.

그러자 며느리의 이런저런 내막을 다 듣고 난 목사님이 딱 잘라 말했다.

"그럼, 맛으로 승부하세요!"

…모든 겸손과 온유로 하고, 오래 참음으로 사랑 가운데서 서로 용납하고… 〈엡 4:2〉

오해

믿음이 신실한 며느리가 예수를 믿지 않는 시어머니에게 핍박을 받으며 살고 있었다.
그러나 며느리는 늘 시어머니를 위해 눈물의 기도를 하고, 특별히 찬송가 395장을 부르며 위로를 받곤 했다.
그러던 어느 날…
교회 식구들이 시어머니께 합심 전도를 하러 나왔다.
"할머니, 예수님 믿고 교회 나오세요. 며느님께서 할머니를 위해 눈물로 기도하고 있습니다."
그러나 시어머니는 냉랭하기만 했다.

"흥, 그것 다 내숭 떠는 거야! 나도 기도하러 갈 때 몰래 따라가서 들어봤는데, 이 시어밀 이겨 버리자는 노래만 부릅디다."

깜짝 놀란 교인 한 사람이 시어머니께 여쭈었다.

"할머니, 그게 어떤 노래였는데요?"

"거 뭐 라드라. 너 시어밀 당해 용기를 다해 늘 물리쳐라. 너 시어밀 이겨 새 힘을 얻고 늘 승리하라. 그런 노랩디다!"

…너 시험을 당해 범죄치 말고, 너 용기를 다해 곧 물리쳐라. 너 시험을 이겨 새 힘을 얻고 주 예수를 믿어 늘 승리하라… 〈찬송: 395장〉

관계

경상도 할머니 셋이 교회 앞 벤치에 앉아 이야기를 나누고 있었다.
한 할머니가 말했다.
"어이, 예수가 죽었다카데."
다른 할머니가 물었다.
"와 죽었다카드노?"

"못에 찔려 죽었다 안카드나?"
"어이구, 그놈아 머리 풀어 헤치고 다닐 때 내 벌써 알아봤데이…"
그러자 지금까지 아무 말 않고 있던 다른 할머니가 끼어들었다.
"예수가 누꼬?"
처음 할머니가 대답했다.
"모르제, 우리 며늘아가 아부지~ 아부지~ 케사이 바깥사돈 아이겐나?"

…그런즉 이스라엘 온 집이 정녕 알지니, 너희가 십자가에 못 박은 이 예수를 하나님이 주와 그리스도가 되게 하셨느니라 하니라…
〈행 2:36〉

말 되는 말들

1. 천국의 주소는?

   천국시 구원구 영생읍 믿으면 얻으리

2. 하나님은 어째서 아담을 먼저 만든 다음에 이브를 만들었을까?

   간섭받지 않기 위해서

3. 무신론자가 섬기는 신은?

   자기 자신

4. 뼈를 깎는 고통을 가장 먼저 경험한 사람은?

   아담

5. '병든자여, 다 내게로 오라' 라고 말한 사람은?

   고물장수

6. 하나님도 부처님도 다 싫어하는 비는?

사이비

7. 예수님과 부처님의 차이는?

헤어스타일

8. 세상 사람들이 가장 좋아하는 영화는?

부귀영화

…또 가라사대 이 시대의 사람을 무엇으로 비유할꼬, 무엇과 같은고?…
〈눅 7:31〉

 Bible parody

시편 23편 전라도 버전

아따, 여호와가 시방 나의 목자신디 나가 부족한 거이 머이 있겄냐 잉?
그 분이 나를 저 푸러브른 초장에 뉘어불고, 내 삐천 다리 쪼매 쉬어불게 할라고 물가시로 인도해뿌니, 어째스까 징한 거!
나으 영혼을 겁나게 끌어 땡겨불고, 그 분의 이름을 위할라고 올바러븐 길가스로 인도해뿌니, 아따 좋은 거.
나가 산꼬랑가 끔쩍한 곳에 댕겨도 겁나불지 않은 것은 주의 몽디랑 짝대기가 쨰간은 일에도 나를 지켜준신다 이 거지라.
아따, 주께서 저 싸가지 없는 놈들 앞에서 내게 밥상도 챙겨주시고, 내 대그빡에 지름 칠해 주싱께로 참말로 나가 기뻐불그마 잉.
나가 사는 동안 그 분의 착하심과 넓어브른 맴씨가 나를 징하게 따라당깅께로, 나가 어찌 그 분의 댁에서 묵고 자고 안하거냐 잉? 아따 좋은 거!

제 3장

주께서 재미있는 소리를 듣게 하사, 우리 모두를 즐거워하게 하소서.

선악과

주일예배 시간에, 목사님은 창세기 3장 '인류의 타락'에 대해 설교했다.
"그리하여 이브가 아담과 함께 하나님의 계명을 어기고 동산 중앙에 있는 금단의 열매를 따먹음으로써, 인류는 낙원에서 추방된 것입니다."
그러자 아내의 손에 이끌려 처음 교회에 나온 한 남자가 혼자 중얼거렸다.
"멍청한 것들! 좀 기다렸다가 가을이 됐을 때, 땅에 떨어진 걸 주워 먹었으면 그렇게 되지 않았을 거 아냐?…"

…네가 많은 것을 볼지라도 유의치 아니하며, 귀는 밝을지라도 듣지 아니하는도다…
〈사 42:20〉

외할아버지

독실한 크리스천인 한 부인이 있었다.
그녀는 틈만 나면 남편과 아들에게 하나님을 믿으라고 권했지만, 두 사람은 요지부동이었다.
남편은 무신론자였고, 아들은 아직 신앙이 뭔지 몰랐기 때문이었다.
어느 일요일 아침…
부인은 억지로 남편과 아들을 이끌고 교회에 나가서 가족들을 위해 열심히 기도했다.

"사랑하는 하나님 아버지! 우리의 영혼을 구원하여 주시고…"

그러자 남편도 부인을 따라 기도하기 시작했다.

"사랑하는 장인어른! 우리의 영혼을 구원하여 주시고…"

이어 아들도 얼떨결에 아버지를 따라 기도하기 시작했다.

"사랑하는 외할아버지! 우리의 영혼을 구원하여 주시고…"

…또 이르시되 나는 네 조상의 하나님이니, 아브라함의 하나님, 이삭의 하나님, 야곱의 하나님이니라… 〈출 3:6〉

농부와 목사님

한 농부가 버려져서 황폐해진 농장을 사들였다.
그는 사람 키만큼 자란 잡초와 낡고 헐어버린 창고, 가꾸지 않은 텃밭 등으로 눈앞이 캄캄했다.
그래도 그는 힘을 내어 열심히 농장을 개조하기 시작했다.
그러던 어느 날, 교회 목사님이 농장 앞을 지나다가 열심히 일하고 있는 농부를 보고 다가와서 말했다.

"하나님과 함께 멋진 농장을 가꾸시기 바랍니다."
그렇게 몇 달이 지나고…
목사님이 다시 농장 앞을 지나가게 되었는데, 농장은 말끔하고 튼튼해졌으며, 많은 소와 곡식들로 가득 차 있었다. 목사님은 농장의 풍요로움에 깜짝 놀라 농부에게 말했다.
"대단하군요! 역시 하나님의 능력이란 이런 것입니다. 하나님과 당신이 이룩해낸 작품은 정말 아름답습니다."
그러자 농부가 말했다.
"예, 그렇구말구요. 하지만 목사님, 이걸 생각해보세요. 전에 하나님 혼자 농장을 가꾸실 때는 어땠는지?…"

…아버지께서 내게 하라고 주신 일을 내가 이루어, 아버지를 이 세상에서 영화롭게 하였사오니… 〈요: 17:4〉

농부와 돼지

어느 교회 목사님이 시골길을 가다가 희한한 광경을 보게 되었다.
한 농부가 낑낑대며 돼지 한 마리를 들어올려 사과나무에서 사과를 따 먹이고 있는게 아닌가?…
그 농부는 다른 돼지들도 차례로 들어올려 사과를 따 먹이느라 땀을 비 오듯 쏟고 있었다.

그렇게 한동안 농부가 애쓰는 모습을 지켜보던 목사님이 그에게 다가가서 조심스럽게 물었다.
"저, 농부님! 나무를 흔들어 사과를 떨어뜨려주면 좀 더 시간이 절약되지 않을까요?"
그러자 농부가 하던 일을 계속하며 퉁명스럽게 말했다.
"돼지가 시간은 절약해서 뭐하게요?…"

…저는 자의 다리는 힘없이 달렸나니, 미련한 자의 입의 잠언도 그러하니라…
〈잠 26:7〉

하나님의 군사

어느 주일날…
예배를 끝낸 목사님이 본당 출구 앞에 서서 각 사람의 손을 잡고 악수를 했다.
목사님이 교회에 가끔 나오는 한 젊은이와 악수를 하면서 말했다.
"형제님, 하나님의 군사가 되어야 합니다."

그러자 그 젊은이가 대답했다.
"목사님, 저는 이미 하나님의 군사입니다."
"그래요? 그런데 왜 크리스마스와 부활절 날을 제외하고는 볼 수가 없지요?"
"저는 특수부대 비밀요원이거든요!"

…군사로 다니는 자는 자기 생활에 얽매이는 자가 하나도 없나니, 이는 군사로 모집한 자를 기쁘게 하려 함이라… 〈딤후 2:4〉

믿음

한 남자가 산을 오르다 미끄러져 절벽에 매달리게 되었다.
아래로는 천길 낭떠러지인데다 잡고있는 나무줄기마저 곧 끊어질 태세였다.
다급해진 남자가 소리쳤다.
"사람 살려! 위에 아무도 없어요?"
그러자 위에서 거룩한 목소리가 들려왔다.
"걱정하지 말거라~"
"누구시죠?"
"나는 하나님이다~"

"하나님, 살려주세요!"
"알겠다. 그럼 잡고 있는 나무줄기를 놓거라~"
"네?…"
"나를 믿어라, 잡고 있는 나무줄기를 놓으면 살려주리라~"
그러자 남자가 위를 올려다보며 다시 소리쳤다.
"거기 위에 다른 분 없어요?…"

…믿음으로 저희가 홍해를 육지 같이 건넜으나, 애굽 사람들은 이것을 시험하다가 빠져 죽었으며… 〈히 11:29〉

믿음 좋은 아가씨

어느 일요일 아침…
어떤 아가씨가 늦잠을 자는 바람에 교회에 갈 시간이 늦었다.
그녀는 허둥지둥 옷을 갈아입고 집을 나와 교회로 뛰어가면서 계속 중얼거렸다.
"하나님, 제발 늦지 않게 해주세요. 하나님, 제발 늦지 않게 해주세요…"

그런데 겨우 교회에 도착한 그녀는 계단을 뛰어 올라가
다가 그만 넘어지고 말았다.
그러자 하늘을 올려다보면서 이렇게 말했다.
"아이참, 그렇다고 저를 미실 것 까지는 없잖아요!"

…내 딸아 두려워 말라. 내가
네 말대로 네게 다 행하리라.
네가 현숙한 여자인줄 나의
성읍 백성이 다 아느니라…
〈룻 3:11〉

감사의 조건

1. 내야 할 세금이 있다면 그건 나에게 수입이 있다는 것이고,
2. 옷이 몸에 좀 낀다면 그건 내가 잘 먹고 잘 살고 있다는 것이고,
3. 온몸이 뻐근하고 피로하다면 그건 내가 열심히 일했다는 것이고,
4. 이른 새벽 시끄러운 자명종 소리에 잠을 깼다면 그건 내가 살아 있다는 것이고,
5. 정부에 대한 불평불만의 소리가 들리면 그건 언론의 자유가 있다는 것이고,
6. 10대 자녀가 반항을 하면 그건 아이가 거리에서 방황하지 않고 집에 잘 있다는 것이고,
7. 파티를 하고나서 치워야 할 게 너무 많다면 그건 친구들과 즐거운 시간을 보냈다는 것입니다.
8. 그러니 우리 모두 주님 안에서 기뻐하고 감사해야 하지 않겠어요?…

…하나님의 지으신 모든 것이 선하매, 감사함으로 받으면 버릴 것이 없나니…
〈딤전 4:4〉

시편 23편 평안도 버전

니보라우, 여호와가 내 목자신데 뭐이가 부족하간?
거저 시퍼런 풀밭에 쉬라딜 않나, 목마르문 물가로 데리
가시딜 않나 뭐이가 부족하간?
거저 내 이 영혼 소생시켜 주시디, 똑바루 살라 하시디,
긴데 건 자기 이름 땜에 기러시는 거래두만.
음침한 골짜기 가봤? 넷날엔 거이 무서워드랬는데, 이젠
하나두 안 무서워야. 왜냐하믄 거 주님이 지팽이랑 막대
기루 지켜주시기 때문이야. 기래서 거저 나 안심이야.
보라우, 거 아구악쩍 같은 웬수놈들 있디? 아, 그놈들 보
란 듯이 우리 주님이 거저 내 앞에 잔칫상을 떠억하니 벌
려 주시디 않았간? 거저 잔이 콸콸 넘치게 따라 주시면서,
귀한 손님 대접하듯 하는 기야. 기리니끼니 생각해 보라우.
얼마나 속이 시원했간? 기티 않갔어?
긴데다가 야 또 보라우, 기거이 한 번만 기러시는 거이 아
니래. 거저 한평생 내 편 이래는 기야. 기래서 내래 거저
평생 우리 여호와 하나님 집에 살기루 해써야.

황당한 질문

엄마가 어린 아들을 데리고 동물원에 구경을 갔다. 사자우리 앞에서 어린 아들이 엄마에게 물었다.
"엄마, 사자들도 천당 가?"
"사자들은 천당 못가."
"그럼 목사님은 천당 가?"
"당연히 목사님은 천당 가지."
"그럼 사자가 목사님을 잡아먹어버리면 사자는 천당 가는 거야, 못 가는 거야?"
"?#@%*&@!"

…요나가 밤낮 사흘을 큰 물고기 뱃속에 있었던 것 같이 인자도 밤낮 사흘을 땅속에 있으리라… 〈마 12:40〉

안식일

어느 일요일 오후…
어린 아들이 엄마에게 자꾸 장난감을 사 달라고 졸라대자, 귀찮아진 엄마가 아이한테 말했다.
"오늘은 일요일이라 장난감가게가 문을 닫아서 사줄 수가 없단다."
그날 저녁…
엄마가 아들과 함께 식사를 하기위해 식탁에 앉았다.

"얘야, 먹기 전에 먼저 기도하자꾸나."
그러자 아이가 엄마한테 말했다.
"엄마, 기도 소용없어요!"
"왜?…"
"오늘은 일요일이라 하나님도 문 닫았어요!"

…마땅히 행할 길을 아이에게 가르치라. 그리하면 늙어도 그것을 떠나지 아니하리라… 〈잠 22:6〉

가야할 곳

주일학교 선생님이 예배를 마치면서 아이들에게 말했다.
"어린이 여러분, 기도를 열심히 하세요. 여러분은 모두 천국으로 갈 겁니다."
그러자 맨 뒷줄에 앉아있던 한 아이가 불쑥 이렇게 말했다.
"엄마가 예배 끝나면 곧장 집으로 오라는 데요!"

…만일 땅에 있는 우리의 장막 집이 무너지면 하나님께서 지으신 집, 곧 손으로 지은 것이 아니요, 하늘에 있는 영원한 집이 우리에게 있는 줄 아나니… 〈고후 5:1〉

아이의 선택

엄마가 여섯 살 난 아들을 교회에 보내면서 말했다.
"이거 5백원은 헌금하고, 5백원은 아이스크림 사먹어. 알았지?"
아들은 어깨에 가방을 메고, 5백원 짜리 동전 두 개를 꼭 움켜쥐고는 집을 나섰다.
그런데 신나게 달려가다가 그만 돌부리에 걸려 넘어지

는 바람에 움켜쥐고 있던 동전을 놓쳐버렸다.
다행히 하나는 옆에 떨어지고, 다른 하나는 데굴데굴 굴러가더니 하수도 구멍에 쏙 들어가 버렸다.
어린 아들은 바지를 툭툭 털고 일어나면서 혼자 중얼거렸다.
"하나님, 죄송해요. 헌금이 그만 하수도 구멍에 빠지고 말았어요!"

…예수께서 그 어린아이들을 불러 가까이하시고 이르시되, 어린아이들이 내게 오는 것을 용납하고 금하지 말라. 하나님의 나라가 이런 자의 것이니라… 〈눅 18:16〉

손자의 기도

할머니가 어린 손자의 방 앞을 지나가자니 손자 녀석이 방안에서 기도를 하는데, 같은 말을 아주 큰 소리로 되풀이하고 있었다.

"하나님, 우리 아빠가 저한테 자전거를 사주도록 해 주세요! 하나님, 우리 아빠가 저한테 자전거를 사주도록 해 주세요!…"

할머니가 방문을 열고 손자에게 물었다.

"얘야, 왜 그렇게 큰소리로 기도하니? 하나님은 귀먹지 않으셨어."

그러자 손자가 할머니를 돌아보며 말했다.

"하지만 할머니, 하나님은 들으시는데 아빠가 못 들으실까봐서요!"

…주는 계신 곳 하늘에서 저희 기도와 간구를 들으시고 저희의 일을 돌아보옵시며…
〈왕상 8:49〉

작정

사순절을 앞두고 아빠가 어린 아들에게 말했다.
"아들아, 사순절이 시작되었으니 너도 이제 뭔가 작정을 해야잖겠니? 아빠가 보기에 너는 이번 기회에 사탕 좋아하는 습관을 고쳤으면 좋겠다."
그러자 아들이 아빠한테 물었다.
"그럼, 아빠 이번 기회에 뭘 고치시기로 했는데요?"

"응, 아빠 앞으로 독한 술은 안 마시기로 했지."
"그러세요? 그런데 왜 아까 저녁 드실 때는 술을 드셨어요?"
"응, 그건 반주로 한잔 마신 약한 술이란다."
"알았어요, 그럼 저도 앞으로는 독한 사탕은 안 먹을 게요!"

…어떻게 우리를 본받아야 할 것을 너희가 스스로 아나니, 우리가 너희 가운데서 규모 없이 행하지 아니하며…
〈살후 3:7〉

채점

주일학교에서 교리시험을 보는 날…
늘 장난치기에만 바빴던 맹구는 시험지에 나온 문제의 답을 단 하나도 알 수가 없었다. 그래서 한참을 끙끙대다가 할 수 없이 시험지 밑에다 이렇게 적어냈다.

"저는 정답을 하나도 알지 못하지만, 하나님께서는 다 아십니다."
다음주 일요일…
주일학교 선생님으로부터 채점시험지를 받아든 맹구는 너무나 황당했다. 거기에는 다음과 같이 쓰여 있었던 것이다.
"맹구 0점! 하나님 100점!"

…내가 주의 의로운 판단을 배울 때에는 정직한 마음으로 주께 감사하리이다…
〈시 119:7〉

맹랑한 아들

초등학교 3학년짜리 아들을 둔 집사님이 있었다.
그 집사님은 아들이 늘 시험점수를 50점 미만으로만 받아 오자 아들에게 말했다.
"다음번 시험에서 80점 이상 받아 오면, 상으로 용돈 5만원을 주마."
그로부터 1달 뒤…
아들이 아버지께 전화를 했다.
"아빠, 좋은 소식이 있어요!"
"뭔데?…"
"지난번에 아빠가 이번 시험에서 80점 이상 받아오면 용돈 5만원을 주시기로 했잖아요?"
"그랬지…"

"그 돈 아빠가 쓰세요!"

화가 난 아빠가 이번엔 아들에게 이렇게 말했다.
"좋다, 이번 한번은 용서해 주마. 그러나 다음번에 또 50점 미만으로 받아오면 그땐 넌 내 아들 아니다. 알겠냐?"
그로부터 1달 뒤…
아들이 학교에서 시험을 보고 성적표를 받아 집으로 돌아왔다.
아버지가 아들에게 물었다.
"그래, 이번엔 몇 점 받았지?"
그러자 아들이 아버지께 대뜸 이렇게 말했다.
"아저씨 누구세요?"

…초달을 차마 못하는 자는 그 자식을 미워함이라. 자식을 사랑하는 자는 근실히 징계하느니라… 〈잠 13:24〉

거짓말

다섯 살 난 어린 아들이 거짓말을 한다는 것을 알게 된 어머니는 큰 충격에 빠졌다. 그래서 고민 끝에 아들 녀석을 무릎위에 올려놓고, 거짓말을 하면 어떻게 되는지 똑똑히 설명했다.

"너 거짓말을 하게 되면 어떻게 되는지 알아? 새빨간 눈에 뿔이 두개 달린 괴물이 밤에 몰래 찾아와서 잡아가는 거야. 그리고 잡아간 아이들을 불이 활활 타는 골짜기에 가둬놓고 중노동을 시키지. 그래도 너 거짓말을 할 거니?"
그러자 아들이 풀죽은 목소리로 대답했다.
"알았어요, 근데 엄만 나보다 거짓말을 더 잘하네 뭐!"

…이로 보건대 사람이 행함으로 의롭다 하심을 받고, 믿음으로만 아니니라…
〈약 2:24〉

공범

목사님이 동네 골목길을 가다가 키가 작은 한 꼬마 애가 초인종을 누르려고 애쓰는 걸 보았다.
그 꼬마 애는 키가 너무 작아 까치발을 했지만, 그래도 버튼에 손이 닿질 않아 낑낑대고 있었다.

목사님은 꼬마에게 다가가 그를 안아 올려, 손을 잡고 초인종을 아주 길게 눌러 주었다.

그런 다음, 꼬마애를 내려놓고 나서 상냥하게 물어 보았다.

"얘야, 이제 됐니? 내가 또 도와줄 건 없을까?"

그러자 꼬마 애가 다급하게 말했다.

"아저씨, 이제 빨리 도망가야 돼요!"

…이는 너희가 흠이 없고 순전하여, 어그러지고 거스리는 세대 가운데서 하나님의 흠 없는 자녀로, 세상에서 그들 가운데 빛들로 나타내며…
〈빌 2:15〉

하나님의 소재

여덟 살과 여섯 살 난 두 아들에게 시달리던 부부가 생각다 못해 엄하기로 소문난 목사님을 찾아가 아이들의 버릇을 좀 고쳐달라고 부탁했다.
다음 날…
그 집을 방문한 목사님은 아이들에게 하나님의 존재를 설명하면서, 못된 버릇도 고쳐야겠다고 생각했다. 그래서 먼저 동생을 방으로 불러들여 두 눈을 부릅뜨고 물었다.
"하나님이 어디 계시지?"
그러나 목사님의 엄한 질문에도 동생은 아랑곳하지 않고 멀뚱멀뚱 쳐다보기만 했다.

목사님은 자세를 가다듬고 다시 한 번 위엄 있는 목소리로 물었다.
"하나님이 어디 계시냐구?"
그래도 동생은 여전히 딴전을 피우면서 모르겠다는 시늉을 했다.
목사님은 동생의 기를 완전히 꺾어 버려야겠다는 생각에, 방이 떠나갈 만큼 우렁찬 목소리로 물었다.
"하나님이 어디 계시는지 어서 말해봐!"
그러자 동생은 갑자기 벌떡 일어나더니, 옆방으로 달려갔다.
그리고 형에게 말했다.
"형, 큰일 났어! 하나님이 실종됐는데, 목사님은 우리가 그런 줄 알고 있어!"

…하나님도 하나이시니, 곧 만유의 아버지시라. 만유 위에 계시고 만유를 통일하시고 만유 가운데 계시도다…
〈엡 4:6〉

다섯 가지 우유

세상에는 다섯 가지 우유가 있습니다.

첫 번째 우유는 그냥 생우유입니다.

두 번째 우유는 초콜릿우유입니다.

세 번째 우유는 바나나우유입니다.

네 번째 우유는 검은콩우유입니다.

다섯 번째 우유는 아이러브유입니다.

이 다섯 번째 우유는 살맛나는 우유입니다.

…그 눈은 포도주로 인하여 붉겠고, 그 이는 우유로 인하여 희리로다…
〈창 49:12〉

시편 23편 함경도 버전

여호와는 나의 목자되시니끼니, 내래 부족한거이 조금도 없시오. 기럼!
여호와 아바이께서리 나를 시퍼루둥둥한 남새밭에 자빠뜨리고서리, 얼음보숭이 같은 시원한 냉수가 있는 곳으로 인도하시니끼니 내래 전혀 일 없시오. 기럼!
내 영혼을 살려주시고서리, 또 그분의 위대한 이름 영도 따라 나를 똑바른 길로 인도하시니끼니, 여간 고마운 게 아임메.
내래 죽음의 음침한 바람 부는 골짜기를 다닐거이래도, 어떤 간나새끼레 와서리 해꼬지할거이래도, 전혀 겁나질 않디요. 기럼! 아바이께서리 나와 함께 하시고서리, 그 손에 들고 있는 지팡이와 작대기로 간나새끼래 확 까부수고서 나를 지켜주시지 않갔음메?
아바이께서리 내 원수 놈 모가지 앞에 떡 하니 상을 차려주시고서리, 빤지르르한 기름으로 내 머리에 확 부어주시니끼니 내 잔이 철철 넘치지 않갔시오? 기럼!
내 평생에 그분의 착하심과 인자하심이 끝까지 나를 지켜주실 기니끼니, 내래 여호와 아바이의 집에서리 죽을 때까지 꽉 눌러 살갔시오. 기럼!

좋은 술

목사님이 설교 도중 술의 해독에 대해 설명했다.
"성도 여러분! 인간의 몸속에 술이 몇 잔 들어가면 어떻게 됩니까? 이성은 빠져나가고 감성만 남게 되지요? 그리고 그 감성은 쾌락을 쫓게 되어 뒤따라오는 것이 무엇입니까? 여자 아니겠어요?… 이와 같이 몇 잔의 술이 결국은 죄악을 몰고 오는 것입니다."

그러자 맨 뒷줄에 앉아서 목사님의 설교를 듣던 한 남자가 옆 사람에게 물었다.
"세상에! 형씨는 저렇게 좋은 술을 어디서 파는지 아슈?"

…도리어 나의 모든 교훈을 멸시하며 나의 책망을 받지 아니하였은즉, 너희가 재앙을 만날 때에 내가 웃을 것이며, 너희에게 두려움이 임할 때에 내가 비웃으리라…
〈잠 1:25~26〉

욕망 절제

어느 신학대학교의 하계수련 캠프에서, 교수님이 학생들에게 절제된 생활과 금욕에 대해 강의했다.
"여러분, 성직자가 되면 저절로 육체적 욕망에서 해방될 수 있을 거라 생각할지 모르나, 결코 그렇지 않습니다. 적절한 식이요법, 즉 육식을 줄여야만 합니다. 대신 신선한 야채를 많이 먹으면 큰 효과를 거둘 수 있을 겁니다."
그날 밤…
한 남학생이 한밤중에 연수원 식당에 들어가 뭔가를 열심히 찾고 있었다.

덜그럭거리는 소리를 듣고 밖으로 나온 주방 아주머니가 그에게 다가가서 물었다.
"학생, 한 밤중에 여기 와서 뭘 찾고 있는 거예요?"
그러자 그 남학생이 다급하게 말했다.
"아주머니, 신선한 야채 좀 없어요?"

…청하오니 당신의 종들을 열흘 동안 시험하여 채식을 주어 먹게 하고, 물을 주어 마시게 한 후에… 그들의 얼굴이 더욱 아름답고 살이 더욱 윤택하여 왕의 진미를 먹는 모든 소년보다 나아 보인지라… 〈단: 1:12~15〉

벌레

목사님이 주일날에만 교회에 나오는 한 성도에게 권했다.
"성도님, 새벽기도에 나오세요. 일찍 일어나는 새가 벌레를 잡는 법입니다."
그러자 그 성도가 대답했다.
"하지만 목사님, 일찍 일어나는 벌레가 부지런 떨다 잡혀 먹히는 수도 있어요."
그때 옆에서 듣고 있던 집사님 한 분이 끼어들었다.
"그 벌레는 틀림없이 외박하고 새벽에 집에 들어가던 벌래 일겁니다!"

…비파야, 수금아 깰지어다.
내가 새벽을 깨우리로다…
〈시 108:2〉

앵무새

두 마리의 앵무새가 있었다.
한 마리는 독실한 기독교 신자의 앵무새였고, 한 마리는 불신자(不信者)의 앵무새였다.
그런데 기독교 신자의 암놈 앵무새는 늘 '기도합시다! 기도합시다!'라고 말하는 반면, 불신자의 수놈 앵무새는 늘 '키스합시다! 키스합시다!'라고 말했다.
그래서 기독교 신자는 불신자를 설득하여, 두 마리의 앵무새를 같은 새장에 넣기로 했다. 함께 있으면 '기도합시다 앵무새'가 '키스합시다 앵무새'에게 감화를 주어 두 마리 다 '기도합시다!'로 바뀔 수 있다고 생각했기 때문이었다.

며칠 뒤…
두 사람은 앵무새의 변화를 보기 위해 함께 새장으로 갔다.
그런데 '키스합시다 앵무새'는 여전히 '키스합시다!'를 반복하고 있었고, '기도합시다 앵무새'는 백팔십도 달라져서 이렇게 지껄이고 있었다.
"하나님, 제 기도를 들어 주셔서 감사해요! 하나님, 제 기도를 들어주셔서 감사해요!…"
암놈 앵무새는 여태껏 키스할 수 있게 해 달라고 기도하고 있었던 것이다.

…의인이 악인 앞에 굴복하는 것은 우물의 흐리어짐과 샘의 더러워짐 같으니라…
〈잠 25:26〉

노인과 사탄

주일예배가 시작되기 직전, 교회에 사탄이 나타났다.
그러자 노인 한 사람만 남고 모두 밖으로 나가버렸다.
사탄이 노인에게 뚜벅뚜벅 걸어가서 물었다.
"당신은 내가 무섭지 않소?"
노인은 사탄을 거들떠보지도 않고 대답했다.
"난 당신 따윈 무섭지 않아!"

"내 말 한마디면 당신이 죽을 수 있는데도?…"
"그건 나도 알고 있소!"
"그런데 어째서 내가 무섭지 않다는 거지?"
"난 당신 누이하고 결혼해서 40년이나 함께 살아왔는데 뭘 그래?…"

…이러므로 우리가 화평의 일과 서로 덕을 세우는 일을 힘쓰나니… 〈롬 14:19〉

혼비백산

먼저 간 아내의 묘를 찾은 한 남자가 울면서 말했다.
"여보, 왜 나를 두고 당신 먼저 간 거야? 다시 돌아올 수는 없어?"
그러자 갑자기 묘석이 조금 들썩거렸다.
깜짝 놀란 남자는 혼비백산 도망치며 소리쳤다.
"아이구 하나님! 제가 농담 한마디 한걸 갖고 뭘 그러세요!…"

…네가 누구를 두려워하며, 누구로 하여 놀랐기에 거짓을 말하며, 나를 생각지 아니하며, 이를 마음에 두지 아니하였느냐? 네가 나를 경외치 아니함은 내가 오래 동안 잠잠함을 인함이 아니냐?…
〈사 57:11〉

공지사항

어떤 교회 게시판에 다음과 같은 공지사항이 나붙었다.

"교우 여러분! 다음주 일요일 오후에 여성교구 주최로 바자회를 열 예정입니다. 버리기는 아까우나 그렇다고 가지고 있을 값어치도 없는 것들을 처분 할 수 있는 좋은 기회입니다. 남편들은 아내를, 아내들은 남편을 데리고 오세요."

…사랑하는 자들아, 하나님이 이같이 우리를 사랑하셨은즉, 우리도 서로 사랑하는 것이 마땅하도다…
〈요일 4:11〉

불평

주일 예배 후…
남자성도 둘이 점심을 함께하면서 서로 불평을 늘어놓았다.
먼저 한 성도가 투덜거렸다.
"아 글쎄, 난 며칠 전에 우리 집사람 눈에 모래가 들어가는 바람에 치료비로 20만원을 날렸지 뭐유!"
그러자 다른 성도가 대꾸했다.
"뭘 그런 걸 가지고 그래요? 난 며칠 전에 모피코트가 우리 집사람 눈에 들어가는 바람에 5백만 원을 날렸는데…"

…여호와 앞에 잠잠하고 참아 기다리라. 자기 길이 형통하며 악한 꾀를 이루는 자를 인하여 불평하여 말지어다…
〈시 37:7〉

Bonus Humor

라면교, 그것이 알고 싶다

사회자 : 요즘 무섭게 교세를 확장하고 있는 라면교에 대한 시청자 여러분들의 궁금증을 풀기 위해 전문가 한 분을 모셨습니다.
그럼 먼저 전문가님께 여쭙겠습니다. 라면교의 주된 교리는 무엇인지요?

전문가 : 라면교의 심오한 종교적 교리는 크게 세 가지로 말할 수 있겠습니다.
첫째 라면교는 부활의 신앙입니다. 라면님께서 끓는 물에 들어가신지 3분 만에 부활하신 기적을 믿는 것입니다.
둘째는 삼위일체의 신앙입니다. 면발과 국물과 김치의 하나됨을 믿습니다.
셋째는 사랑과 긍휼의 신앙입니다. 주리고 가난한 자들을 위하여 희생하고 봉사하는 정신과 자세를 믿습니다.

사회자 : 그럼 짜파게티님께서도 구주이십니까?

전문가 : 많은 신학자들이 그것에 대해 여전히 논쟁을 벌이고 있습니다. 부활과 사랑의 측면에서는 부합하지만, 짜파게

티복음 5장 1절에 보면 '면이 끓으면 국물은 1큰술만 남기고 따라버리세요' 라고 되어있으므로, 일부 근본주의 신학자들이 그것을 들어 삼위일체에 반하는 것이라고 주장하기도 합니다.
그러나 대부분의 신학자들은 '1큰술'에 남아있는 깊은 뜻을 잘 이해해야 한다면서 짜파게티님도 성자임을 인정하고 있는 추세입니다.

사회자 : 그렇다면 이단에 속하는 것들은 어떤 것이 있는지요?

전문가 : 우선 부활신앙을 정면으로 부정하는 교파들이 있습니다. 다들 아시다시피 라면교의 초기에 있었던 하이면과 그 뒤를 이은 생생면, 생생우동 등은 튀기지 않은 면발을 강조하는 부류들입니다. 이들은 끓는 물의 고난을 부정하고 생면을 주장하는 대표적인 이단들이지요.
이밖에 삼위일체를 부정하는 교파들이 있습니다. 비빔면과 볶음면이 그 대표적인 세력들인데, 이들은 국물을 따라버리는 것도 모자라, 냉수에 헹구거나 볶아버리는 극악무도한 사탄의 무리들입니다.
이들은 부활신앙에 반하는 자들과 더불어 액상스프라는 사도의 양념을 사용하고 있을 뿐만 아니라, 한때의 자극적인 맛에 현혹되어 영원한 지옥 불을 선택하는 어리석은 무리들이라 하겠습니다.

사회자 : 갈수록 많은 분들이 컵라면님을 추앙하고 있는데, 그분은 어떤 분이신지요?

전문가 : 컵라면님은 배고프고 주린 자의 집에만 거하는 분이 아닙니다. 노숙하는 자나 간식하는 자, 여행하는 자를 위하여 스스로 냄비에서 나오신 성자이십니다.
이분께서는 비록 냄비라는 큰 틀에서 벗어나셨지만, 부활과 사랑과, 삼위일체를 실천하시는 큰 성인이라 할 수 있습니다. 그러나 구주이신 라면님과 착각하는 우를 범해서는 안 되겠습니다. 특히, 일부 2천원이 넘어가는 컵라면들은 본래의 뜻을 저버린 자들이므로, 이러한 사탄의 꼬임에 넘어가는 일이 없도록 해야겠습니다.

사회자 : 오늘 대담에 응해 주셔서 대단히 감사합니다.

…우리가 너희 믿음을 주관하려는 것이 아니요, 오직 너희 기쁨을 돕는 자가 되려 함이니 이는 너희가 믿음에 섰음이라… 〈고후 1:24〉

 Bible parody

라면신경

전능하사 라면을 만드신
삼양 아버지를 국민들이 믿사오며,
그 첫 제품 삼양라면을 믿사오니,
이는 밀가루로 잉태하사 식량난을 해결하시고,
수많은 종류와 맛을 발전시켜 기호를 충족시키고,
끓는 물에 들어간 지 5분 만에 맛있는 음식으로 다시 살아나시며,
상위에 오르사 김치 우편에 앉아 계시다가,
맛으로서 쫄깃한 면발과 얼큰한 국물을 심판하러 오시리라.
영양을 믿사오며,
거룩한 열량과 김치와 서로 교통하는 것과,
출출한 배를 채워주시는 것과,
영원히 주린 자의 양식이 되는 것을 믿사옵니다. -라멘-

제 4장

능력과 존귀로 옷을 삼고 후일을 웃으며…

물위를 걸은 이유

어떤 교회 목사님이 교인들을 이끌고 성지순례에 나섰다.

그들이 갈릴리 바다에 도착해보니 바닷가에는 여러 척의 배가 있었고, 배 주인들은 아랍 사람들이었다. 목사님은 그 중 한 사람에게 뱃삯이 얼마냐고 물었다.

그러자 수염이 덥수룩한 그 아랍 사람은 한 사람당 10달러라고 대답했다.

그러자 목사님은 깜짝 놀라면서 말했다.

"어이구, 그렇게 비싸요? 예수님이 왜 물위를 걸으셨는지 이제야 알겠군요!"

…밤 사경에 예수께서 바다 위로 걸어서 제자들에게 오시니… 〈마 14:25〉

독려

어느 교회 선교부장이 성도들을 모아놓고 이렇게 말했다.
"교우 여러분! 주님께서 우리에게 얼마나 많은 은혜를 베푸셨습니까? 그런데 우리는 그저 받기만 하고 되돌려드린 것이 없습니다. 그러니 우리는 모두 주님의 은혜에 보답하는 뜻으로 수입의 십분의 일을 기꺼이 바쳐야 합니다. 여러분 생각은 어떻습니까?"
그러자 한 성도가 자리에서 벌떡 일어나더니, 모인 사

람들을 향해 큰 소리로 외쳤다.
"여러분! 선교부장님의 말이 맞습니다. 우리 모두 십분의 일 뿐만 아니라, 이십분의 일, 삼십분의 일도 기꺼이 바칩시다!"

…만군의 여호와가 이르노라. 너희의 온전한 십일조를 창고에 들여 나의 집에 양식이 있게 하고, 그것으로 나를 시험하여 내가 하늘 문을 열고 너희에게 복을 쌓을 곳이 없도록 붓지 아니하나 보라…
〈말 3:10〉

구원

교회에 다니기 시작한지 얼마 안 되는 새신자가 자기를 인도한 집사님에게 물었다.
"아니, 하나님께서 이왕 인간에게 구원을 주실 바에는 일원 더 보태서 십원을 주실 것이지 왜 하필이면 구원을 주신 거죠?"
그러자 그 집사님이 이렇게 대답했다.
"그건 하나님께서 미리 십일조로 일원을 떼고 주셨기 때문입니다!"

…너희가 그 은혜를 인하여 믿음으로 말미암아 구원을 얻었나니, 이것이 너희에게서 난 것이 아니요 하나님의 선물이라… 〈엡 2:8〉

허망한 교인들

일단 고스톱을 한판 즐긴 다음 구역예배를 보는 허망한 교인들이 있었다.
그 날도 고스톱을 한판 친 다음 예배를 마치고 헌금함이 돌았다.
그런데 한 성도가 헌금을 하고나서 조금 있다가 소리쳤다.

"아, 잠간만요! 그 헌금함 좀 이리 줘봐요!"
그러자 헌금을 챙기던 구역장이 의아해서 물었다.
"왜요?…"
이에 그 성도가 대답했다.
"내가 만원을 헌금한다는 게 그만 실수로 십만 원 짜리 수표를 넣었어요!"
그러자 구역장이 단호하게 잘라 말했다.
"낙장불입!"

…그냥 두어라. 저희는 소경이 되어 소경을 인도하는 자로다. 만일 소경이 소경을 인도하면 둘이 다 구덩이에 빠지리라 하신대… 〈마 15:14〉

헌금

제법 큰 음식점을 경영하는 식당 사장님이 종업원과 함께 주일예배에 참석해서 나란히 앉았다.
헌금할 시간이 되자, 사장님은 만 원짜리 한 장을 준비했다. 그런데 옆을 슬쩍 보니 종업원이 5만원을 들고 있는 게 아닌가?…
사장님은 속으로 '내가 명색이 사장인데 종업원보다야 헌금을 적게 할 수는 없지' 하면서 지갑을 꺼내 10만 원짜리 수표로 바꾸었다.

그러자 이 광경을 슬쩍 훔쳐본 종업원이 속으로 '뭐야, 10만원?… 10만원이면 내 몫까지 내시겠다는 거잖아?' 하면서, 준비했던 5만원을 다시 호주머니에 집어넣었다.

…너희가 모든 일에 부요하여 너그럽게 연보를 함은 저희로 우리로 말미암아 하나님께 감사하게 하는 것이라…
〈고후 9:11〉

대출 부탁

사업을 하는 한 남자가 은행에 다니는 친구를 찾아가서 부탁했다.
"여보게, 지금 회사가 부도 직전일세. 자네가 좀 도와주게!"
그러자 은행에 다니는 친구가 위로하며 말했다.
"걱정 말게, 하나님께서 곧 도와주실 거야!"
그러자 그 사업가가 친구에게 바짝 다가앉으며 말했다.

"그래서 말인데… 하나님을 보증인으로 해서 자네 은행으로부터 돈 좀 빌리면 안 될까?"
그러자 그 친구가 대답했다.
"안될 거야 없지. 하나님 인감증명서, 재산세납부증명서 각 한통씩 떼어와!…"

…하나님은 약속을 기업으로 받는 자들에게 그 뜻이 변치 아니함을 충분히 나타내시려고, 그 일에 맹세로 보증하셨나니… 〈히 6:17〉

십일조

어느 날…
한 중년 남자가 혼자 교회에 나와 열심히 기도하고 있었다.
그 모습을 갸륵하게 여긴 목사님은 그가 도대체 무슨 기도를 하는지 궁금해서 가까이 다가가 들어보았다.
그랬더니 그는 이렇게 기도하고 있었다.

"하나님, 제발 10억 원짜리 복권에 당첨되게 해 주세요. 그렇게만 해주신다면, 그 중 십분의 일은 반드시 불쌍한 사람들을 위해 기부하겠습니다. 만약 믿지 못하시겠거든, 먼저 십분의 일을 떼고 주셔도 좋습니다."

…그 주인이 대답하여 가로되, 악하고 게으른 종아. 나는 심지 않은데서 거두고 헤치지 않은데서 모으는 줄로 네가 알았느냐?… 〈마 25:26〉

어느 명퇴자의 기도

어떤 남자가 명예퇴직 후 조그만 가게를 챠리고 나서 하나님께 간절히 기도를 드렸다.
"하나님, 하루에 50만원씩 벌게 해 주시면, 그 중 절반은 하나님께 바치겠습니다."
다음날 그는 공교롭게도 25만원을 벌었다.
그러자 그 남자는 너무 기뻐서 하나님께 이렇게 기도 드렸다.
"하나님, 정말 대단하십니다. 먼저 주님의 몫을 떼어놓고 주시다니…"

…우리가 오늘날 여기서는 각기 소견대로 하였거니와, 너희가 거기서는 하지 말찌니라… 〈신 12:8〉

하나님의 시간

계속해서 사업에 실패한 어느 사업가가 하나님께 여쭈었다.
"하나님, 한 가지 질문이 있사옵니다."
"그래 뭐냐? 말해봐라."
"인간 세상의 1억 년은 하나님께는 얼마나 되는 시간인지요?"
"그야 1초밖에 안되지."

"그럼 1억 원은 하나님께는 얼마나 되는 금액인지요?"
"그야 1원밖에 안 되지."
"그럼 제게 1원만 주십시오!"
"알았다, 얼마 안 되는 금액이니까 주도록 하지."
"하나님, 정말 고맙습니다. 그런데 언제 주실 건가요?"
"음, 1초만 기다려라!"

그래서 그 사업가는 오늘도 기다리고 있다.

…이 묵시는 정한 때가 있나니, 그 종말이 속히 이르겠고, 결코 거짓되지 아니하리라. 비록 더딜지라도 기다리라. 지체되지 않고 정녕 응하리라… 〈합 2:3〉

어느 젊은이의 고민

한 인터넷 사이트에 다음과 같은 글이 올랐다.

우리 아버지께서 요즘 제정신이 아닙니다. 교회에 너무 빠지셨습니다. 만나는 사람마다 붙잡고 예수 믿고 천국가라 그러고, 저한테도 틈만 나면 천국가야 된답니다. 제 나이 이제 스물 두 살인데 저보고 벌써 천국을 가랍니다. 그리고 밥상 받으면 기도한다고 10분 이상 아무도 못 먹게 합니다. 언제나 밥을 식혀서 먹기가 일쑤죠.

아무래도 우리 아버지께서 정신이 좀 이상해진 것 같습니다. 제가 볼 때도 이런데 주위에서는 오죽하겠습니까? 친척들도 다 우리 아버지 싫어합니다. 우리 식구들도 아버지만 보면 슬슬 피합니다. 교회에 빠져도 너무 빠진 아버지께서는 목사님 말이라면 뭐든지 다 옳은 줄 압니다.

이거 정말 괴롭습니다. 어떻게 고치는 방법 없을까요? 밤마다 되지도 않는 설교를 들어야하고… 들어보면 정말 말도 안 되는 얘깁니다. 사탄이 어쩌고, 마귀가 어쩌고 하면서…
우리 아버지가 너무 불쌍합니다. 그리고 교회가 너무 밉습니다. 헌금이나 거둬가고… 뭐 할 때 헌금 내라, 뭐 할 때 헌금 내라… 헌금 종류도 엄청 많더군요. 그것도 수요일, 금요일, 일요일 이렇게 거둬가요.
교회에서 벗어나는 법 아시는 분, 제발 그 방법 좀 가르쳐주세요.

그런데 위의 글이 게시된 지 채 한 시간도 되지 않아, 사이트에는 다음과 같은 세가지의 댓글이 떴다.

〈댓글1〉
아버지께서 교회에 빠지셨다니, 당신은 그래도 행운아 입니다. 저희 아버지는 불교에 빠져서 지금 산에서 안 내려오십니다. 교회에 빠지신 걸 다행으로 생각하세요. 저는 우리 아버지가 너무 보고 싶습니다.
〈댓글2〉
기독교든 불교든 다 좋습니다. 당신들은 운 좋은 사람들입니다. 저희 아버지는 이슬람인데, 우리나라에선 보기 드물죠. 저희 아버진 매일 미국 놈들 다 죽일 놈들이라고 그러시더니, 급기야는 성전(聖戰)에 참가해야 한다고 직장 다 때려 치시고 이라크 행 비행기표 알아보고 있는 중입니다. 큰일입니다.
〈댓글3〉
기독교든 불교든 이슬람교든 다 좋습니다. 당신들은 정말이지 축복받은 사람들입니다. 저희 아버지는 허구한 날 만취상태가 되서 들어오기가 일쑤인데다, 들어와서는 엄마와 우리를 마구 두들겨 팹니다. 흑흑…

…일렀으되, 이 백성에게 가서 말하기를 너희가 듣기는 들어도 도무지 깨닫지 못하며, 보기는 보아도 도무지 알지 못하는도다. 이 백성들의 마음이 완악하여져서 그 귀로는 둔하게 듣고 그 눈을 감았으니, 이는 눈으로 보고 귀로 듣고 마음으로 깨달아 돌아와 나의 고침을 받을까 함이라 하였으니…〈행 28:26~27〉

주(株)기도문

거래소에 계신 우리 아버지여,
주식의 이름이 거룩히 여김을 받으시오며,
주식의 나라가 임하옵시며,
활황이 하늘에서 이루어진 것같이
땅에서도 이루어지이다.
오늘날 우리에게 투자의욕을 주옵시고,
우리가 우리에게 죄지은 종목을 사하여 준 것 같이
하락의 죄를 사하여 주옵시고,
우리를 낙망의 시험에 들게 하지 마옵시고,
다만 작전의 악에서 구하옵소서.
대개 반등과 상종가의 영광이
아버지께 영원히 있사옵나이다. -아주(我株)-

거지와 집사님

어떤 거지가 교회 앞에서 요란하게 깡통을 걷어차며 걸어가고 있었다.
그 모습을 본 집사님 한분이 그에게 다가가서 점잖게 타일렀다.
"형제님, 여기는 하나님께 예배드리는 성전 앞입니다. 시끄럽게 깡통을 차고 다니면 안 됩니다."
그러자 거지가 잔뜩 인상을 찌푸리며 대꾸했다.
"난 지금 이사 가는 중이라구요!"

…게으른 자는 말하기를, 사자가 밖에 있은즉 내가 나가면 거리에서 찢기겠다 하느니라… 〈잠 22:13〉

동업

어느 교회 앞에서…
주일예배가 끝나는 시간에 맞추어 거지 두 명이 나란히 앉아 동냥을 하고 있었다.
그런데 한 사람의 손에는 성경책이 들려 있었고, 다른 한 사람의 손에는 목탁이 들려 있었다.
그러자 평소 적선에 인색한 교인들도 목탁을 든 거지가 교회 앞에서 동냥을 하는 것이 밉살스러워인지, 성경책을 든 거지에게 선뜻 돈을 내주었다.

그래서 교인들이 모두 빠져나갈 즈음, 성경책을 든 거지의 깡통에는 만족할 만큼 돈이 찼으나 목탁을 든 거지의 깡통에는 한 푼도 차지 않았다.

잠시 후…

목사님이 밖으로 나오면서 두 거지를 발견하고, 손에 목탁을 든 거지에게 충고했다.

"이봐요, 여기는 교회 앞입니다. 형제님이 목탁을 들고 있는 한, 하루 종일 앉아 있어도 땡전 한 푼 못 받을 겁니다."

그러자 목탁을 든 거지가 옆에 있는 동료 거지에게 말했다.

"이봐, 이제 자리를 옮겨서 저쪽 절 앞으로 가자구!"

…그가 베드로와 요한이 성전에 들어 가려함을 보고 구걸하거늘… 베드로가 가로되, 은과 금은 내게 없거니와 내게 있는 것으로 네게 주노니 곧 나사렛 예수 그리스도의 이름으로 걸으라 하고…
〈행 3:3~6〉

골프와 주일예배

어떤 남자가 일요일에 친구와 함께 함께 골프를 치러 가기로 했다. 그런데 그 친구가 약속시간보다 30분이나 늦게 도착했다.
남자는 화가 나서 친구에게 말했다.
"왜 이렇게 늦은 거야?…"
그러자 그 친구가 설명했다.

"사실은 주일예배를 빠진다는 게 너무 부담되는 거야. 그래서 동전을 던져 앞면이 나오면 교회를 가고, 뒷면이 나오면 골프를 치기로 했지. 그래서 늦은 거야."
"결국 뒷면이 나왔다 이거군!…"
"아냐, 계속 앞면이 나오기에 뒷면이 나올 때까지 던졌지!"

…아버지께 참으로 예배하는 자들은 신령과 진정으로 예배할 때가 오나니, 곧 이때라. 아버지께서는 이렇게 자기에게 예배하는 자들을 찾으시느니라… 〈요 4:23〉

스님의 개종

어떤 시골에…
저수지 하나를 사이에 두고 마을과 절이 마주보고 있었다.
어느 추운 겨울날, 시주를 마치고 절로 돌아가던 스님이 맘이 급하셨는지 질러가기위해 얼어붙은 연못 위로 들어섰다.

그런데 한 열댓 걸음 나아가자 얼음이 '쩌정~'하고 갈라지기 시작했다. 스님은 기겁을 하고 건너편으로 뛰어갔다.
다행히도 스님은 무사히 연못을 건넜고, 한숨을 쉬면서 이렇게 중얼거렸다.
"아이고, 하나님 감사합니다!"

…누구든지 주의 이름을 부르는 자는 구원을 얻으리라…
〈롬 10:13〉

실력

새로 부임한 나이 많은 목사님은 사람들을 대할 때, 그 태도가 인자하여 교인들 모두가 좋아했다. 그런데 한 가지 흠이 있다면, 설교를 할 때 말을 더듬거리면서 느리게 한다는 것이었다.
그러던 어느 날…
그 목사님이 전혀 더듬거리지 않고 청산유수로 설교를 했다.

교인들이 놀라서 물었다.
"아니, 목사님! 그렇게 설교를 잘 하시면서 왜 지금까지는 실력을 숨기시고 계셨습니까?"
그러자 목사님이 이렇게 대답했다.
"그런 말 마세요. 아침에 내 것인 줄 알고 집사람 틀니를 끼고 나왔더니, 나도 모르게 말이 따발총처럼 쏟아져 나온 거라구요!"

…다 병 고치는 은사를 가진 자겠느냐? 다 방언을 말하는 자겠느냐? 다 통역하는 자겠느냐?… 〈고전 12:30〉

범인

어느 시골 교회에서…
주일예배 시간에 목사님이 잔뜩 화가 난 얼굴로 커다란 오이를 하나 높이 쳐들어 보이며 말했다.
"어두운 암흑의 권세가 인간들을 뒤덮고 있습니다. 오늘 아침 우리 교회 텃밭에서 가장 크고 잘 익은 오이 세

개를 도둑맞았습니다. 그러나 나는 그게 누구의 짓인지 알고 있습니다. 나는 여기서 그 도둑의 이름을 부르고, 이 오이를 그 자에게 던질 것입니다."

그러면서 목사님이 위협적으로 오이를 머리위로 빙빙 돌렸다.

그러자 맨 앞에서 세 번째 줄에 앉아있던 한 여자의 날카로운 목소리가 들려왔다.

"여보, 엎드려욧!"

…의인의 열매는 생명나무라, 지혜로운 자는 사람을 얻느니라… 〈잠 11:30〉

거짓말 테스트

목사님이 설교를 마무리하면서 성도들에게 말했다.
"다음주에는 거짓말이라는 죄에 대해 설교를 하고자 합니다. 설교에 대한 이해를 돕기 위해 모두들 마가복음 17장을 읽어 오시기 바랍니다."
일주일 후…
목사님은 설교를 하기에 앞서 얼마나 많은 사람들이 마가복음 17장을 읽어 왔는지 알아보려고, 성도들에게 손을 들도록 했다.
그러자 전원이 손을 들었다.
목사님은 싱긋 웃으며 말했다.
"마가복음은 16장까지 밖에 없습니다. 자, 이제 거짓말이라는 죄에 대해 설교를 하도록 하겠습니다!"

…시험을 참는 자는 복이 있도다. 이것에 옳다 인정하심을 받은 후에 주께서 자기를 사랑하는 자들에게 약속하신 생명의 면류관을 얻을 것임이니라… 〈약 1:12〉

박쥐 퇴치법

세 명의 목사님이 점심식사를 함께 하면서 이야기를 나누었다.
먼저 A교회 목사님이 하소연했다.
"우리 교회는 박쥐 녀석들 때문에 골치가 아파요. 위층에 올라가면 박쥐가 얼마나 많은지 살충제를 뿌리고, 고양이를 풀고, 별 짓을 다해도 그놈들은 안 나가요."
이번엔 B교회 목사님이 말했다.
"우리도 그래요. 교회 다락방에 박쥐가 득실거리는데, 아무리 연기를 피워도 꿈쩍 않더라구요."

그러자 C교회 목사님이 말했다.
"그래요? 우리 교회 박쥐들은 자진해서 쉽게 나가던데?…"
"어떻게 했는데요?"
"박쥐들을 교인 명부에 등록시키고, 세례를 준 다음 매일 올라가서 설교를 했지요!"

…또 너희가 내 이름을 인하여 모든 사람에게 미움을 받을 것이나, 나중까지 견디는 자는 구원을 얻으리라…
〈마 10:22〉

선생님과 벌

주일학교 선생님이 어린이들에게 말했다.
"어린이 여러분! 예수님을 믿는 우리는 함부로 흥분을 하거나, 욕을 하거나, 성을 내서는 안 됩니다. 알겠죠?"
그런데 바로 그 때, 파리 한 마리가 윙~ 하고 날아와서 선생님의 콧등에 앉았다.
"자아, 예를 하나 들어보겠습니다. 지금 내 코 위에 파리 한 마리가 앉아 있지요? 믿지 않는 사람들은 파리에게 막 성을 낼테지만, 우리는 그렇게 해서는 안 됩니다. 우리는 다만 파리야 가거라, 아이구머니나! 이거 벌 아니야? 망할 놈의 벌 같으니라구!"

그날 아이들은 선생님으로부터 자지러지는 은혜를 받았다.

…내가 내 자녀들이 진리 안에서 행한다 함을 듣는 것보다 더 즐거움이 없도다…
〈요삼 1:4〉

아들의 공로

일요일 아침…
다섯 살짜리 어린 아들이 엄마 몰래 장난감 총을 숨겨 가지고 교회 안에 들어갔다.
설교가 한창 진행되는 도중…
아들이 장난감 총을 꺼내 방아쇠를 당겼다.
갑자기 예배당 안에 요란한 총성이 울려 퍼졌고, 기겁을 한 성도들이 저마다 납작 엎드리거나 눈을 감고 두 손을 모아 쥐었다.
한편 뜻밖의 일에 당황한 엄마는 부랴부랴 아들을 이끌

고 예배당을 빠져나갔다.

그런데 두 사람이 문가에 이르렀을 때, 할아버지 한 분이 그들을 제지하면서 말했다.

"아주머니, 나갈 필요 없어요! 난 사람들이 오늘처럼 이렇게 간절히 기도하는 것을 본적이 없어요. 댁의 아드님은 목사님이 10년 동안 한 것보다도 더 큰 일을 한 거라구요!"

…너희가 사람의 과실을 용서하면, 너희 천부께서도 너희 과실을 용서하시려니와…
〈마 6:14〉

Bonus Humor

어느 직장인의 기도

거룩하신 하나님 아버지!
바라옵건대, 매일 아침 눈을 떴을 때 '오늘은 회사 가기 싫다' 는 유혹이 저를 미혹치 않게 해주십시오!
오늘도 피로가 저의 영혼을 잠식하나, 무단결근은 곧 실직이라는 두려움이 이부자리를 떨치고 일어나게 하였나이다.
어젯밤 술안주로 씹어 돌린 상사와 선배의 눈을 정면으로 응시할 수 있는 위선적인 웃음을 제게 내려주시고, 또한 저의 미미한 힘으로는 피할 수 없는 상사의 어떠한 잔소리에도 무릎 꿇지 아니할 강건한 배짱과 뻔뻔함을 허락해주시옵소서!
자신의 생각은 진리, 타인의 생각은 궤변으로 간주하면서도 유독 사장님 앞에서의 NO는 곧 죽음이라 믿어 의심치 않는 저들의 철학을 저도 내면화 할 수 있도록 도와주시고, 명퇴나 구조조정에 대해 병적인 공포감을 지니고 있는 상사가 내지르는 변태적 짜증을 넓은 아량으로 받아들일 수 있는 무량함을 허락해 주십시오!
아무쪼록 저가 나의 10년 후의 모습임을 잘 알겠사오니, 어쩌다 복도에서 마주쳤을 때 속으로 '가련한!' 이라는 따듯한 존경의 구호를 되뇌일 수 있는 내공을 허락해주시옵소서!
오늘도 아내 몰래 자존심과 인격을 집에 두고 나왔나이다. 내 책상이 없어지지 않기만을 바라던 어제와는 달리, 오늘은 회사가 사라지지 않도록 빌어야 한다는 걸 잘 알고 있나이다.
그러면서도 회사의 발전이 나의 발전과는 무관했던 지난날의 관성에서 벗어나, 회사는 곧 내 비즈니스의 파트너임을 깨닫고 늘 자기 계발에 용맹 정진할 수 있도록 해주시옵소서!
골프나 스키 같은 것은 이미 멀리한 지 오래 되었나이다. 운동은 목운동과 숨쉬기운동으로, 레저는 수면으로, 문화생활은 비디오감상으로 바꾸었사오니, 이들 취미생활로도 저의 심령이 충만할 수 있도록 저를 졸장부로 만들어주시옵소서!
회사 떠난 동료들이 남겨놓은 일로 실직사 대신 과로사를 택한 셈이 되었나이다. 사원명부에서 제 이름이 지워지는 그 날까지 정시 출근, 늦은 퇴근을 할 수 있도록 허락해주시고, 천수를 다해 안락사할 수 있는 축복을 내려주시옵소서!
일한 만큼 받지 못한다면, 받은 만큼은 일할 수 있나이다.

무 노동이면 무 임금인줄도 잘 알고 있나이다. 오직 보너스와 휴가를 위해서는 한없이 열정적일 수 있는 사람이 되게 해주시고, 그래서 마침내 나의 생을 마감하는 날 내 청춘을 월급과 바꾸었노라고 자신 있게 말할 수 있도록 하여 주시옵길 예수님의 이름으로 간절히 기도드리옵나이다.
거룩하신 하나님 아버지!
마지막으로 한 가지만 더 바라옵건대, 오로지 제 믿음을 북돋워주시고 제 경건함을 되찾게 하시어 무덤으로 들어가는 그날까지 하나님을 믿는 자로서 살아갈 수 있도록, 부디 저로 하여금 로또 복권에 당첨되게 해주시옵소서!
번호의 이름으로 기도드리옵나이다. −당첨−

내가 네 행위와 수고와 네 인내를 알고… 또 네가 참고 내 이름을 위하여 견디고 게으르지 아니한 것을 아노라. 그러나 너를 책망할 것이 있나니, 너의 처음 사랑을 버렸느니라.〈계 2:2~4〉

 Bible parody

고스톱기도문

고스톱 사이트에 계신 우리 아버지여,
유저들의 이름이 거룩히 여김을 받으시오며,
싹쓸이의 나라가 임하옵시며,
뜻이 쓰리고에 있는 것 같이
흔들고 피박도 이루어지이다.
오늘날 우리에게 일용할 쌍피를 주옵시고,
우리가 우리의 설사를 사하여 준 것같이
우리의 낙장을 사하여 주옵시고,
우리를 사사구통의 시험에 들게 하지 마옵시고,
다만 피박과 광박에서 구하옵소서.
대개 쓰리고와 싹쓸이의 영광이
아버지께 영원히 있사옵나이다. -스톱-

엉뚱한 차

한 남자가 퇴근길에 동료들과 함께 술을 마시고 거나하게 취했다.
밤늦게 지하철을 타긴 했지만, 엉뚱한 차에 오르길 벌써 세 번째…
다행히 마음씨 착한 어떤 학생이 그를 부축하여 제대로 집에 갈 수 있는 차를 탈수 있도록 안내해주었다.

그가 차를 바꿔타고 비틀거리며 전동차 의자에 털썩 주저앉자, 옆에 앉아있던 노신사가 그를 측은하게 바라보며 한마디 했다.

"어이구, 이 양반이 지금 파멸에 이르는 악의 길로 가고 있구만!"

그러자 그 말을 들은 남자가 눈을 게슴츠레 뜨면서 말했다.

"제기랄, 내가 또 엉뚱한 차를 탔나보군!"

…내 아들아, 너는 듣고 지혜를 얻어 네 마음을 정로로 인도할지니라… 술 취하고 탐식하는 자는 가난하여질 것이요, 잠자기를 즐겨하는 자는 해어진 옷을 입을 것임이니라… 〈잠 23:19~21〉

격정

초등학생이 길을 가는데 어떤 술 취한 아저씨가 한쪽 다리는 도로를 따라, 다른 한쪽 다리는 하수구 도랑을 따라 걷고 있었다.
이상하게 생각한 초등학생이 다가가서 물었다.
"아저씨, 왜 한쪽 다리를 도랑에 넣고 걸으세요?"
그러자 그 술 취한 아저씨가 되물었다.
"그래?… 내가 지금 그렇게 걷고 있냐?"

"그럼요, 왜 그러세요?"
초등학생의 물음에 술 취한 아저씨는 갑자기 환호성을 지르며 말했다.
"우와, 하나님 감사합니다! 전 제 한쪽 다리가 짧아진 걸 내내 걱정하고 있었습니다…"

…무릇 흠이 있는 자는 가까이 못할지니, 곧 소경이나 절뚝발이나 코가 불완전한 자나 지체가 더한 자나… 그는 흠이 있은즉 나아와 하나님의 식물을 드리지 못하느니라… 〈레 21:18~21〉

술꾼과 촛불

어떤 남자가 매주 토요일 밤마다 동네 술집에 들러, 매일 그 집에 나타나는 한 단골 술꾼과 함께 취하곤 했다. 그가 몇 달을 이와 같이 하다가 어느 날 밤, 여느 때와 마찬가지로 술집에 들렀는데 사람들이 이렇게 말했다.

"당신 친구가 죽었어요. 혈액과 호흡에 알코올이 얼마나 베었던지, 어젯밤에 잠자리에 들면서 촛불을 끄다가 그만 호흡에 불이 붙어 타죽었답니다."

그 말을 들은 남자는 당장 술집주인에게 성경책을 갖다 달라고 해서, 그 위에 손을 얹고는 이렇게 말했다.

"하나님! 제가 촛불을 입으로 불어서 끄지 않도록 해 주세요!"

…어리석은 자들아, 밖을 만드신 이가 속도 만들지 아니하셨느냐?… 오직 그 안에 있는 것으로 구제하라. 그리하면 모든 것이 너희에게 깨끗하리라… 〈눅 11:40~41〉

당연한 짓

어떤 50대 부인이 목사님을 찾아와서 하소연했다.
"저의 방탕한 자식 놈이 허구한 날 술이나 퍼마시고, 여자들을 밝히고… 아주 못된 짓만 합니다."
다음 날 목사님이 그 아들을 불러들여 야단을 쳤다.
그러자 아들이 이렇게 능청을 떨었다.
"목사님, 저는 아무래도 천성적으로 뇌가 이상한 것 같습니다."

이에 화가 난 목사님이 아들에게 소리쳤다.
"바보 같은 소리 집어치워! 만일 네가 술이나 밝히고 여자들을 퍼마신다면 그건 이상하겠지만, 네가 하는 짓은 당연한 짓이야! 알겠어?"

…너희는 스스로 조심하라. 그렇지 않으면 방탕함과 술 취함과 생활의 염려로 마음이 둔하여지고, 뜻밖에 그 날이 덫과 같이 너희에게 임하리라… 〈눅 21:34〉

세 명의 죄수

강도질을 일삼아 온 세 명의 죄수에게 각각 독방생활 10년이라는 중형이 내려졌다. 그러면서 그들에게 특별히 감방안에 들어갈 때, 한 가지씩의 물건을 가지고 들어갈 수 있는 혜택이 주어졌다.

10년의 세월이 흘러…

그들이 형기를 마치고 출감하는 날, 교도소장이 그들을 면담하면서 앞으로의 계획을 물었다.

그러자 첫 번째 죄수가 대답했다.

"저는 성경책을 들고 들어가 10년 동안 성경을 스무 번이나 읽어, 새 사람이 되었습니다. 저는 전도사가 될 것입니다."
두 번째 죄수가 대답했다.
"저는 마누라를 데리고 들어가 10년 동안 3명의 자식을 낳았습니다. 앞으로는 처와 자식을 위해 살 것입니다."
세 번째 죄수가 대답했다.
"저는 담배 100보루를 가지고 들어갔었습니다. 소장님, 혹시 성냥이나 라이터 가진거 없어요?"

…하나님은 만홀히 여김을 받지 아니하시나니, 사람이 무엇으로 심든지 그대로 거두리라… 〈갈 6:7〉

명판결

식모는 자존심이 강하고 주인마님은 욕지거리가 심해 두 사람 사이가 원만치 못했다.
하루는 주인마님이 쇠고기 3근을 사오라 시켜놓고 외출을 했다가 돌아와 보니, 고기가 안 보였다.
식모 아가씨의 말인즉, 고양이가 다 먹어버렸다는 것이었다.
그래서 주인마님이 또 욕을 퍼부었다.
"이런 거짓말쟁이 도둑 년 같으니라구! 고양이가 먹긴 뭘 먹어, 니가 먹었지?"

그러자 식모 아가씨도 지지 않고 대들었다.
"생사람 잡지 마세요. 고양이가 먹어버린 게 사실이라구요!"
"그래? 그럼 목사님한테 가서 시비를 가려 보자 이년아!"
그래서 두 사람은 이웃에 사는 목사님을 찾아갔다.
목사님은 고양이를 가져오라고 해서 저울에 달아보았다. 무게는 3근이었다.
목사님이 두 사람에게 말했다.
"이게 고양이 무겐지, 고기 무겐지 알 수가 없군. 그러니 둘 다 옳아요!"

…너희 중에 싸움이 어디로, 다툼이 어디로 좇아 나느뇨? 너희 지체 중에서 싸우는 정욕으로 좇아 난 것이 아니냐?… 〈약 4:1〉

오, 하나님!

약아빠진 한 남자가 목장에서 말 구경을 하다가 마음에 드는 말을 발견하고는 어떻게든 흠을 잡아 싸게 사고 싶었다.
그래서 주인에게 물었다.
"저기 저 놈은 무슨 종이요?"

"파로미노입니다."
목장 주인은 자랑스러운 듯 대답했다.
"내가 보기엔 잘 달릴 것 같지 않은데, 한 번 타 봐도 되겠소?"
"그렇게 하시죠. 그런데 저 말은 교회에서 키우던 말이라, 출발할 때는 '하나님!'이라 외치고, 멈출 때는 '아멘!'이라 외쳐야합니다."
"그 정도야 문제없죠, 한 번 타보겠소."
"부디 조심하시구려!"
남자는 이제 어떻게든 말의 흠을 잡아 싸게 살 수 있겠다고 생각하면서, 말의 등에 올라타 목장 주인이 시킨 대로 '하나님!'이라고 외쳤다. 그랬더니 정말 신기하게도 말은 힘차게 달리기 시작했다.
그런데 말이 계속 달리자 어느덧 낭떠러지가 보였다. 남자는 갑자기 겁이 나서 말을 멈추어야겠다는 생각으로 '워워!' 하고 소리쳤다. 하지만 말은 멈추지 않고 계속 달리기만 했다.
순간, 남자는 목장 주인이 한 말이 생각나서 '아멘!' 하고 외쳤다. 그랬더니 그때서야 말은 우뚝 멈춰 섰다.
정말 숨 막히는 순간이었다. 한 발자국만 더 디뎠어도

천길 낭떠러지… 생각만 해도 아찔했다.
남자는 등골이 오싹해짐을 느끼며, 말과 함께 절벽 끝에 서서 이렇게 한숨을 토했다.
"오, 하나님!"

…그 강한 걸음이 곤하여지고, 그 베푼 꾀에 스스로 빠질 것이니… 〈욥 18:8〉

아주 높은 분

교황이 유엔으로부터 새해연설을 해달라는 초청을 받았다.
뉴욕 공항에 도착한 교황은 개인적인 볼일도 있고 해서, 수행원 없이 혼자 리무진 택시를 타기로 했다. 그런데 입국 수속이 지연되는 바람에 예정된 시간에 늦을 판이었다.
택시 기사를 재촉했지만 융통성 없는 택시기사는 제한 속도를 지켜야한다면서, 도무지 빨리 달리지를 않았다. 다급해진 교황은 운전기사를 뒷좌석으로 보내고, 자신이 직접 운전대를 잡았다. 그리고 운전석에 앉자마자 갑자기 엄청난 속도로 유엔본부를 향해 달리기 시작했다.
하지만 도중에 그만 교통경찰에게 잡히고 말았다.
교황을 알아본 교통경찰이 상부에 전화를 걸어 상관에

게 보고 했다.

"보고드릴 게 있습니다!"

"무슨 일이야?"

"네, 난폭운전을 하는 높은 사람의 차를 세웠는데, 어떻게 처리해야할지 몰라서…"

"누군데? 시장이야?"

"그 보다는 더 높습니다!"

"그럼, 주지사야?"

"아닙니다, 더 거물입니다!"

"주지사 보다 더 거물이라구? 그럼 상원의원?… 설마 대통령은 아니겠지?"

"잘 모르겠습니다만, 대통령각하 이상인 것 같습니다!"

"도대체 무슨 소리야?"

"교황이 운전기사라니까요!"

…그러므로 내가 저희에게 비유로 말하기는 저희가 보아도 보지 못하며, 들어도 듣지 못하며, 깨닫지 못함이니라… 〈마 13:13〉

지구 최후의 날

지구에서 벌어지는 온갖 사악한 일 때문에 정이 떨어진 하나님께서 지구를 박살내고 신천지를 만들기로 작정했다.
하나님은 즉각 홍보담당 천사를 불러 '프랑스와 미국 신문사 각 한 군데에, 이틀 뒤에 지구를 박살낼 예정임을 알려주라'는 지시를 내렸다.
다음날 아침…
프랑스의 르몽드지와 미국의 워싱턴포스트지에 각각

다음과 같은 타이틀의 기사가 실렸다.

"하나님께서 내일 지구를 박살낼 예정임, 파리에 있는 모든 백화점은 일찍 문을 닫도록!"

"하나님께서 내일 지구를 박살낼 예정임, 미국변호사협회 하나님을 연방법원에 고발키로!"

…또 말하되, 자! 성과 대를 쌓아 대 꼭대기를 하늘에 닿게 하여 우리 이름을 내고 온 지면에 흩어짐을 면하자, 하였더니… 〈창 11:4〉

인간의 도전

2100년 어느 날…
지구의 과학자들이 모여 토론을 했다.
그들은 이제 인간은 모든 일을 할 수 있게 되었으므로,
하나님은 더 이상 필요 없다는 결론을 내렸다.
그래서 과학자 대표가 하나님께 여쭈었다.
"하나님! 이제 우리 인간은 하나님이 필요 없다고 생각합니다. 우리는 인간을 복제할 수도 있고, 다른 생명체도 창조할 수 있습니다. 그러니 이제 인간에게서 떠나 다른 세상에서 다른 일을 하시는 게 어떠신지요?"
그러자 과학자 대표의 말을 주의 깊게 듣고 난 하나님께서 말씀하셨다.

"그래? 그럼 내가 한 가지 제안을 하겠다. 그대들과 내가 인간 만드는 시합을 하면 어떻겠느냐?"
"좋습니다!"
과학자 대표가 의기양양하게 대답하자, 하나님께서 다시 말씀하셨다.
"그럼 이렇게 하지. 너도 내가 태초에 아담을 창조했을 때와 똑같이 한번 해 보거라!"
"그런 것쯤이야 문제없죠!"
과학자 대표는 자신만만하게 대답하고 나서, 즉시 땅의 진흙 한 덩어리를 집어 들었다.
그러자 하나님께서 단호하게 말씀하셨다.
"이봐! 내가 만든 흙으로 하지 말고, 너희들이 만든 흙으로 해!…"

…질그릇 조각 중 한 조각 같은 자가 자기를 지으신 자로 더불어 다툴찐대 화 있을찐저, 진흙이 토기장이를 대하여 너는 무엇을 만드느뇨 할 수 있겠으며, 너의 만든 것이 너를 가리켜 그는 손이 없다 할 수 있겠느뇨… 〈사 45:9〉

하나님을 공개하라

인류 최초로 우주비행을 마치고 돌아온 우주비행사의 환영만찬장에서, 한 생명공학자가 우주비행사에게 물었다.
"거기서 하나님을 뵈었나요?"
그러자 우주비행사가 말없이 고개를 가로저었다.
생명공학자는 얼굴 표정이 밝아지면서 우주비행사에게 귓속말로 속삭였다.
"혹시나 했는데 역시 그렇군요. 이 사실을 언론에 공개하는 게 좋겠습니다!"

얼마쯤 지나서…
이번엔 목사님 한 분이 우주비행사에게 물었다.
"거기서 하나님을 뵈었나요?"
그러자 우주비행사가 말없이 고개를 끄덕였다.
목사님은 얼굴 표정이 밝아지면서 우주비행사에게 귓속말로 속삭였다.
"혹시나 했는데 역시 그렇군요. 이 사실을 언론에 공개하는 게 좋겠습니다!"

…만일 하나님이 저로 인하여 영광을 얻으셨으면, 하나님도 자기로 인하여 저에게 영광을 주시리니, 곧 주시리라… 〈요 13:32〉

인간의 수명과 생활

하나님께서 소를 만든 뒤 말씀하셨다.
"너는 60년을 살되, 인간들을 위해 평생 일을 하거라."
그러자 소가 하나님께 간청했다.
"하나님, 고된 노동을 하기에 60년은 너무 긴 세월입니다. 저는 30년은 버리고 30년만 살겠습니다."
하나님께서 이를 허락했고, 그래서 소의 수명은 30년이 되었다.
다음으로 하나님께서 개를 만든 뒤 말씀하셨다.
"너는 30년을 살되, 인간들을 위해 평생 집을 지켜라."
그러자 개가 하나님께 간청했다.
"하나님, 허구한 날 집이나 지키고 있기에 30년은 너무 따분한 시간입니다. 저는 15년은 버리고 15년만 살겠습니다."
하나님께서 이를 허락했고, 그래서 개의 수명은 15년이 되었다.
다음으로 하나님께서 원숭이를 만든 뒤 말씀하셨다.
"너는 30년을 살되, 인간들을 위해 평생 재롱을 떨어라."
그러자 원숭이가 하나님께 간청했다.
"하나님, 인간들을 위해 재롱을 떨기에 30년은 너무 지겨운 시간입니다. 저는 15년은 버리고 15년만 살겠습니다."
하나님께서 이를 허락했고, 그래서 원숭이의 수명은 15년이 되었다.
마지막으로 하나님께서 인간을 만든 뒤 말씀하셨다.
"너는 25년을 살되, 대신 생각할 수 있는 능력을 주겠다."
그러자 인간이 하나님께 간청했다.
"하나님, 그럼 저에게 소가 버린 30년과 개가 버린 15년과 원숭이가 버린 15년을 다 주십시오."
하나님께서 이를 허락했고, 그래서 인간의 수명은 85년이 되었다.
그리고 이런 연고로 인간은
원래 주어진 25년, 즉 25세까지는 그냥저냥 살고,
소가 버린 30년, 즉 26세부터 55세까지는 일만 하며 살고,
개가 버린 15년, 즉 56세부터 70세까지는 퇴직해서 집을 지키며 살고,
원숭이가 버린 15년, 즉 71세부터 85세까지는 자식들과 손자 손녀들 앞에서 재롱을 떨면서 산다.

···나 지혜로 말미암아 네 날이 많아질 것이요, 네 생명의 해가 더하리라···
〈 잠 9:11 〉

 Bible parody

컴퓨터기도문

일반 하드웨어에 계신 우리 프로그램이여,
패스워드가 거룩히 여기심을 받으시오며,
운영체계가 임하옵시며,
명령이 키보드에서 이루어 진 것 같이
모니터에서도 이루어지이다.
오늘날 우리에게 데이터를 주옵시고,
우리가 프로그램의 오류를 사하여 준 것과 같이
우리의 오타를 사하여 주옵시고,
우리를 바이러스에 감염되게 하지 마옵시고,
다만 정전에서 구하옵소서.
대개 정보와 문서와 게임들이
컴퓨터에 영원히 있사옵나이다. -엔터-